媒介融合与传媒转型丛书·广播电视系列

王长潇　孙宜君　梁天屹◎著

重构、融合与再造
电视媒体的战略转型

CHONGGOU RONGHE YU ZAIZAO
DIANSHI MEITI DE ZHANLÜE ZHUANXING

·广州·

版权所有　翻印必究

图书在版编目（CIP）数据

重构、融合与再造：电视媒体的战略转型/王长潇，孙宜君，梁天屹著.—广州：中山大学出版社，2021.6

（媒介融合与传媒转型丛书·广播电视系列）

ISBN 978-7-306-07159-0

Ⅰ.①重… Ⅱ.①王…②孙…③梁… Ⅲ.①电视—传播媒介—研究 Ⅳ.①G22

中国版本图书馆 CIP 数据核字（2021）第 038499 号

出 版 人：	王天琪
策划编辑：	邹岚萍
责任编辑：	邹岚萍
封面设计：	曾　斌
责任校对：	罗梓鸿
责任技编：	何雅涛
出版发行：	中山大学出版社
电　　话：	编辑部 020-84110283，84113349，84111997，84110779，84110776
	发行部 020-84111998，84111981，84111160
地　　址：	广州市新港西路135号
邮　　编：	510275　　传　真：020-84036565
网　　址：	http://www.zsup.com.cn　　E-mail:zdcbs@mail.sysu.edu.cn
印 刷 者：	佛山市浩文彩色印刷有限公司
规　　格：	787mm×1092mm　1/16　11.5印张　204千字
版次印次：	2021年6月第1版　2021年6月第1次印刷
定　　价：	36.00元

如发现本书因印装质量影响阅读，请与出版社发行部联系调换

作者简介

王长潇 北京师范大学新闻传播学院、未来教育学院教授，博士研究生导师。主持国家社会科学基金一般项目1项、国家社会科学基金重大项目子项目1项、广电总局部级社会科学基金项目1项、教育部人文社会科学一般项目2项、北京市社会科学基金重点项目1项，参与国家社会科学基金项目4项。在专业核心期刊和一般期刊发表论文80多篇，出版学术专著3部，主编大学专业教材3部，参与编写专业教材4部。

孙宜君 南京理工大学设计与传媒学院教授，兼任南京传媒学院教授。在国内外期刊发表论文100多篇；已出版《影视艺术鉴赏学》《广播电视学引论》《融合与变革：融媒时代电视传播研究》（合著）等著作10部；主编、参编教材20多部；主编"广播影视新视角丛书"。主持或参与国家社会科学基金项目2项、省部级科研项目8项。多次获江苏省社会科学著作奖与江苏省教学成果奖等。

梁天屹 北京航空航天大学讲师，北京师范大学法学博士，美国波士顿大学人类学系访问学者。研究方向为政治人类学、价值观与仪式化传播。在《当代传播》等学术期刊发表论文多篇，主持省部级科研项目2项，参与国家社会科学基金项目3项。

本书为国家社会科学基金一般项目"电视媒体与新媒体融合发展战略研究"（项目号：15BXW025）结项成果

内容简介

本书以传播学理论为主导，结合管理学、社会学、媒介生态学等学科理论，吸收国内外媒介融合研究理论与成果，从宏观视角审视并论述了电视媒体融合新媒体发展战略问题，构建了电视媒体融合新媒体发展传播机制与模式研究框架。在此基础上，辅以中观和微观视角，多层次探讨融媒时代电视融合新媒体发展的观念、价值、路径、模式、平台、传者、受众、效果、生态、监管等内容。

目　录

绪　论 / 1
　　一、国内外电视媒体与新媒体融合发展的理论观照 / 2
　　二、本书的内容、结构、方法、观点与价值 / 20

第一章　融媒时代电视传播内容资源的整合与重构 / 23
　　第一节　电视传播内容资源整合与重构的新格局 / 23
　　　　一、媒介技术促成内容制作的开放格局 / 23
　　　　二、媒介融合加速影像内容生产多元化 / 24
　　　　三、网络化促使内容传播跨地域 / 25
　　第二节　电视传播内容资源整合与重构的新形式 / 26
　　　　一、把握核心内容资源 / 26
　　　　二、合理分配频道资源 / 27
　　　　三、共享视听新媒体的内容资源 / 28
　　第三节　电视传播内容资源整合与重构的新策略 / 29
　　　　一、完善内容生产机制，提升网络电视自生力 / 29
　　　　二、注重用户体验，构建完善的内容传播生态链 / 31
　　　　三、厘清规则界限，实现资源共享 / 32

第二章　融媒时代电视传播平台与渠道的重构 / 34
　　第一节　电视传播平台与网络平台的融合 / 34
　　　　一、电视传播功能转换的阶段 / 34
　　　　二、平台融合给电视带来的发展机遇 / 36
　　　　三、平台融合下电视生产的对应策略 / 37
　　第二节　互动关系下电视传播的场景化 / 38
　　　　一、仪式场景的媒介化再现 / 39
　　　　二、"生态化"的互动场 / 41

三、去中心化的多元场景 / 42
　第三节　电视传播向移动网络的扩展 / 44
　　　一、移动网络为电视传播带来新特性 / 44
　　　二、移动网络影像传播面临的挑战 / 46

第三章　融媒时代电视传播终端智能化与移动化的重构 / 47
　第一节　智能化开辟电视传播的新格局 / 47
　　　一、传统电视机的智能革新 / 47
　　　二、机顶盒的智能化扩展 / 49
　　　三、电视传播设备由低端走向智能 / 50
　第二节　移动终端带来的整合传播 / 51
　　　一、移动终端的无限扩展 / 52
　　　二、全媒体合一的终端体验 / 53
　　　三、移动终端由单屏走向跨屏 / 53
　第三节　终端人机交流的遥控器、鼠标和触摸屏 / 54

第四章　媒介融合带来受众与电视关系的演变 / 57
　第一节　媒介融合引发的受众分化 / 57
　　　一、差异性与同质性引发的受众分化 / 57
　　　二、网络平台传播的受众分化 / 58
　　　三、影像媒介融合带来的受众分化 / 59
　第二节　电视在受众中地位的变化 / 60
　　　一、电视从"中心地位"退出 / 60
　　　二、受众对电视的浅参与 / 61
　　　三、以受众为中心 / 62
　第三节　电视受众需求的变化 / 63
　　　一、利用社交媒体互动，追求参与感与忠诚度 / 63
　　　二、提升电视媒体公信力，传递真实、权威信息 / 64
　　　三、通过强化用户体验，增强受众的认同感 / 65
　　　四、追求视觉享受，体验科技带来的舒适感 / 65

第五章　媒介融合形成电视媒体的多边互动 / 69
第一节　电视媒体多边互动的基础 / 69
一、受众角色的转变 / 69
二、社会功能的互补性 / 70
三、传播特点的差异化 / 71
第二节　电视媒体与网络视频媒体的交合式互动 / 72
一、内容生产多样化，互为传送模式 / 73
二、互为传播渠道，共建融媒体平台 / 74
三、以共生为基础的合作式关系 / 75
第三节　电视与社交网络媒体的补益式互动 / 76
一、电视媒体的社会化生存诉求 / 76
二、社交媒体成为传播渠道的补充 / 77
三、社交媒体提供的反馈与供给 / 78
四、以用户为中心的社交化关系 / 79

第六章　媒介融合促进电视全媒体转型 / 81
第一节　电视全媒体转型的内涵 / 81
一、全媒体内涵的多种解读 / 82
二、电视全媒体的内涵 / 83
第二节　电视全媒体与媒体融合的关系 / 84
一、媒体融合是电视全媒体的依据和基础 / 84
二、电视全媒体是应对媒体融合的策略选择 / 84
第三节　电视全媒体转型的层面与路径 / 85
一、电视全媒体转型的层面 / 85
二、电视全媒体转型路径的运营实践个案 / 87

第七章　电视媒体融合新媒体发展的转型路径 / 94
第一节　电视媒体整合网络视频的策略与实践 / 94
一、电视媒体与播客等民间影像资源的内容整合 / 94
二、传统电视与各类网络视频网站实施跨媒体合作 / 96
三、电视媒体与电信行业合作拓展移动网络传播 / 97

四、网络视频传播对电视媒体的影响 / 99
第二节　电视媒体参与县级融媒体中心建设的新路径 / 101
　　一、县级融媒体中心建设的源起和现状 / 102
　　二、县级融媒体中心建设的实践探索 / 103
　　三、县级融媒体中心的现实困境与推进路径 / 106
第三节　电视媒体与新媒体融合发展转型的生态圈 / 113
　　一、场景时代下的电视媒体 / 114
　　二、"电视+"服务体系中的电视媒体 / 117
　　三、立体生态链上的电视媒体 / 120

第八章　电视网络化产业链转型中的体制与经营创新 / 123
第一节　打造完整的网络化电视产业链 / 123
　　一、信息共享的平台化 / 123
　　二、内容生产的定制化 / 124
　　三、生产资源的数据化 / 126
　　四、传播渠道的多终端化 / 127
第二节　推进网络化电视产业体制的创新 / 128
　　一、经营体制的创新 / 128
　　二、传输体制的创新 / 128
　　三、制播体制的创新 / 128
　　四、投融资体制的创新 / 129
　　五、管理体制的创新 / 129
第三节　促使电视媒体产业化经营的升级 / 130
　　一、湖南卫视App化经营实践 / 131
　　二、湖南卫视App化经营对我国传统电视产业化的启迪 / 136

第九章　电视融合转型中的可持续发展原则及实践 / 139
第一节　电视融合新媒体的可持续发展原则 / 139
　　一、公平性——保证电视融合新媒体发展的公平 / 139
　　二、共同性——协调电视媒体与新媒体的共同发展 / 141
　　三、持续性——维持电视媒体应对媒介环境动态变化

　　　　的能力 / 142
　　四、需求性——满足电视媒体受众日益增长的需求 / 143
第二节　电视融合新媒体的可持续发展路径 / 144
　　一、电视资源数据库建设 / 145
　　二、电视消费者数据库建设 / 146
　　三、数据库建设体现受众本位的市场价值理念 / 148
第三节　电视融合新媒体的业务流程再造与管理 / 149
　　一、电视业务流程的组织机构管理 / 149
　　二、组织机构扁平化改革 / 150
　　三、业务流程再造的基础模型 / 151

结　语 / 153

　　一、"忒修斯之船"问题 / 153
　　二、"忒修斯之船"问题在媒介融合中的体现 / 155
　　三、媒介融合的关键：突破"同一性"桎梏 / 156

参考文献 / 165

后　记 / 170

绪　　论

在传统媒体时代，电视媒体以其丰富的内容、近乎垄断的渠道优势，以及视听兼备、现场感强、同步直播等媒介特征而成为第一媒介。但是，随着媒介形态的日益丰富以及互联网技术的发展，新兴媒介冲击并改变着传统的媒介生态和传播格局，电视的第一媒介地位受到挑战。基于不同的孕育环境和运行逻辑，新旧媒体之间产生了不同的话语体系，传统媒体的公信力和影响力被削弱。面对新媒体的日益强势，传统媒体主动与新媒体融合发展，无论从政策层面、观念层面还是实践层面，媒介融合已经成为全社会的共识，融合路径与模式的探索及实践则成为当务之急。

2014年8月18日，中央全面深化改革领导小组第四次会议通过了《关于推动传统媒体和新兴媒体融合发展的指导意见》，自此，媒体融合被赋予了新的时代重任，比如"推动媒体融合发展是一项紧迫的战略任务"[①]，"传统媒体的转型就是要进行一场媒体融合的革命"[②]，等等。因此，媒体融合并非一个定性的目标，而是一个动态的过程，本质上是互联网思维下媒体关系与传播关系的重定义与新整合。2020年6月30日，习近平主持召开中央全面深化改革委员会第十四次会议，会议通过了《关于加快推进媒体深度融合发展的指导意见》，强调推动媒体融合向纵深发展，加快构建网上网下一体、内宣外宣联动的主流舆论格局，建立以内容建设为根本、先进技术为支撑、创新管理为保障的全媒体传播体系。

1994年4月20日我国接入互联网后，互联网从此成为我国媒体格局中的重要组成元素，并给我国媒体格局带来了百年未有之大变局。自2015年7月4日国务院印发《关于积极推进"互联网＋"行动的指导意见》以来，我国传统媒体与新兴媒体融合发展的传媒业改革在连接一切的"互联网＋"行动中，加快了以"互联网＋电视"为核心的电视融媒体产业创新步伐，开拓了由媒体融合带来的传媒产业的新空间。尤其是近年来移动互联网方兴

[①] 刘奇葆：《加快推动传统媒体和新兴媒体融合发展》，《党建》，2014年第5期。
[②] 喻国明、姚飞：《媒体融合：媒体转型的一场革命》，《青年记者》，2014年第24期。

未艾,一举打破了媒体发展的一贯逻辑,成为一切媒介的母媒介。

"互联网+"将互联网的创新成果与经济社会各领域深度融合,不仅推动了技术进步、效率提升和组织变革,而且提升了实体经济的创新力和生产力,进而形成了更为广泛的以互联网为基础设施和创新要素的经济社会发展新形态,以"'互联网+电视'为核心要素的中国电视融媒体产业创新发展的方向愈加明晰"①。在"互联网+"时代背景下提出的电视媒体融合和新媒体发展战略的方向与理念,无论是基于我国当下电话、电视、电脑的"三电合一",还是电信网、广电网、互联网的"三网融合",电视媒体在媒介融合发展的过程中都扮演着核心角色,因此,电视融媒体发展已经成为传统媒体与新媒体融合发展的一项重要内容。

一、国内外电视媒体与新媒体融合发展的理论观照

(一)国外相关研究

从国外看,媒介融合概念的提出始于20世纪80年代的美国。1983年,美国学者浦尔在《技术的自由》中认为,媒介融合是指各种媒介呈现出多功能一体化的发展趋势。1984年,美国学者罗纳德·E.莱斯在《新媒体:传播、研究与技术》一书中就预见到,新兴技术如计算机处理技术、有线电视、卫星通信等,将给传统电视媒体带来重大的变革。1995年,美国学者尼葛洛庞帝在《数字化生存》中对媒体融合现象做了大量描述,如"我的报纸""比特电视"等,并明确提出了媒介融合的概念。媒介融合意味着各种媒介呈现出多功能融合的趋势,这种对媒介融合的想象将更多地集中在电视、报纸等传统媒体的融合上。新闻学上,广义的媒体融合包括结合所有媒体和相关要素的融合甚至整合,不仅包括媒体形式的整合,还包括媒体功能、传播手段、所有权、组织结构等要素的整合。

在媒介融合发展的初期和中期,西方学术界重点关注新媒体对传统媒体深层结构的渗透和影响。综合来看,学者们研究的主要内容包括以下七个方面。一是借鉴大众传播研究的路径和方法,积极关注新媒体在市场、组织、管理、政策、法律等领域对电视产业产生的冲击。二是在网络与电视媒体融合方面,随着电子、通信、网络事业的发展,传统媒体要想赢得更多的受

---

① 高洪波:《"互联网+电视":中国电视融媒体产业的场域空间》,《现代传播(中国传媒大学学报)》,2018年第9期。

众，唯一的出路就是和网络连接。三是从商业角度分析数字媒体与电视媒体融合发展的现象，并多角度地分析了媒体融合对社会、经济、法律等方面的影响，以及给它们各自带来的不同的挑战，探讨了现阶段媒体的行业状况、融合的各种可能性，以及其对消费者的消费决策造成的潜在影响等。四是分析了媒体融合给用户带来的一些便利和麻烦。例如，作为消费者，有了更多更快捷的选择，同时也在逐渐对这样的选择方式产生依赖；并且，人们在选择媒介产品之前很难直接了解产品的具体信息，在一定程度上，人们并不知道最终获得的媒介产品究竟是什么；新技术的漏洞使得电视内容的盗版现象更加严重；等等。五是随着电视媒体与新媒体的融合，电视观看环境转换成了"双屏时代"，人们一边看电视，一边拿着手机或者iPad浏览其他内容。用户通过对比观看体验后认为，虽然电视媒体与新媒体一直在融合，但用户还是会把二者明显区分开来，而电视与新媒体所适配的内容种类也有较大不同。① 六是从各种角度论证了，在"双屏时代"，可移动屏幕与电视屏幕的结合丰富了用户的观影体验，让用户在观看电视的时候可以同时借用另一个屏幕做其他事情，从而显得更加高效。七是有的学者关注"双屏时代用户行为分析""融合媒体的多面效应""融合媒体产业链打造与市场规律的关系"等研究内容。

近年来，境外对媒介融合发展的探究更加细致与全面。2015年信息、商业与管理国际会议上发表的《论广播电视传统媒体与新媒体的整合》（On the Integration of Traditional Media of Radio and TV and the New Media），文作者Wenzhi Huang 和 Jing Zhao 指出，媒体的整合不仅是传统媒体增强市场竞争力的需要，也是社会进步的时代需要。随着"三网融合"的实施，视听新媒体将加快发展，并将成为广播电视发展的重点和方向。面对新媒体和全媒体的竞争，新媒体和旧媒体将在很长一段时间内进入共存和相互融合的时代。媒体将从单一媒体发展到丰富多彩的三维媒体。传统广播和新兴网络的界限正在模糊并逐渐消失，媒体融合正在成为一种普遍现象。②

网络信息技术尤其是移动媒体的发展，不仅给传统媒体的发展带来了新的机遇，也使传统媒体的发展面临巨大的挑战。面对新媒体，传统媒体能否

---

① 转引自高洪波：《"互联网＋电视"：中国电视融媒体产业的场域空间》，《现代传播（中国传媒大学学报）》，2018年第9期。

② Wenzhi Huang, Jing Zhao, "On the Integration of Traditional Media of Radio and TV and the New Media", International Conference on Information, Business and Management, 2015.

抓住机遇,适应新媒体发展的特点,实现传统媒体与新媒体的互动发展,实现互动中的融合与提升,已经成为新形势下传统媒体生存和发展的重大课题。同年,发表在上述同一期刊的《媒介融合背景下高校校报的网络生存与发展》(The Network Survival and Development of University Newspaper in the Context of Media Convergence)一文中,作者 Jing Wang 在媒介融合的大背景下,以高校校报为例,提出在开发下一代手机报的同时,启动互动多媒体报。利用 SNS、微博等一系列新的互联网技术和新产品,通过移动二维码与报纸受众进行互动,提供最全面的信息,创造一站式信息互动。①

2019 年,Xinyang Wang 在《基于媒体融合理论的传统媒体数字化研究》(Research on Digitalization of Traditional Media Based on Media Convergence Theory)论文中认为,与新媒体相比,传统媒体具有明显的内容优势,如内容的深度和广度、原创性、准确性、可信度等。在媒体融合时代,传统媒体与新媒体融合后,在数字平台上达到了更快的速度、更广的传播范围和更高的点击率。但是,传统媒体要想在未来继续与新媒体竞争,就必须保持其作为核心竞争力的内容优势,并加强其原有的内容优势。②

除了强调创新内容,Fugang Cao 在《论媒介融合背景下的新闻传播教育》(On Journalism and Communication Education under the Background of Media Convergence)一文也强调了在媒体融合背景下人才培养的重要性。随着新媒体时代的到来,新闻传播领域的工作方法发生了巨大变化,需要利用新媒体的优势,培养满足 21 世纪社会对新闻传播人才的需求。新技术环境下,媒体形式的创新是一种极具冲击力的革命。③

因此,2020 年,Ensi Tang 在《融合媒体时代短视频剪辑的大众传播分析》(Analysis of Mass Communication of Short Video Clips in Era of Convergence Media)中提出,在融合媒体时代,短视频剪辑作为一种新的大众传播形式,为传统媒体的升级和转型提供了新的动力。短视频是"互联网+"时代视觉文化飞速发展的产物,注重图像传播和感性体验。在全媒体环境中,

---

① Jing Wang:《媒介融合背景下高校校报的网络生存与发展》,《信息、商业与管理》(《管理科学》第 49 卷讲稿),《法国巴黎智能信息技术应用学会会议论文集》,2015 年,第 400~404 页。

② Xinyang Wang:《基于媒体融合理论的传统媒体数字化研究》,《模拟学报》2019 年第 7 卷第 1 期。

③ Fugang Cao, "On Journalism and Communication Education under the Background of Media Convergence", *Journal of International Education and Development*, 2019, 3 (4).

观众的感知能力得到了扩展,因为新闻场景提供了强烈的沉浸感。短形式视频为观众提供了新鲜的叙事模式和新的视角。尤其是H5、虚拟现实(VR)、增强现实(AR)等技术,以一种新的视听语言表达方式,改变了短视频的模式,从而大大增加了它的传播力和吸引力。被称为全媒体新国王的短视频越来越受欢迎,这是技术和文化相结合的结果,如大数据、5G、VR/AR、人口智能(AI)、区块链和全息图。5G时代的内容消费热潮如何保持短视频的竞争力,是人们应该思考的问题。①

2020年5月,Lingyue Du 在《媒介融合时代基于大数据的媒介生产创新》(Media Production Innovation Based on Big Data in the Era of Media Convergence)中,探讨了媒体融合时代基于大数据的媒体生产创新。大数据在改善传统媒体环境的同时,也为新老媒体的融合提供了新的途径,并利用大数据、云计算等信息技术条件构建了联盟性强的媒体融合环境,平台聚合是新媒体发展的主要趋势。然而,从目前的媒体传播效果来看,传统媒体必须与时俱进。在这方面,我们必须从媒体整合的角度,利用报纸、电视和门户网站产生的海量数据来扩大覆盖面。②

(二)国内相关研究

1. 研究对象和成果

国内学术界从2005年左右开始将Media Convergence固定译为"媒体(媒介)融合",并展开了相关研究。关于电视媒体和新媒体融合发展战略研究的学术成果则出现在2006年之后。学术界在谈及互联网与电视媒体的融合发展时,给出的建议往往是利用网络开拓受众反馈渠道,用网络上的流行文化丰富电视节目内容,等等,这说明当时学者还没有充分认识到新媒体和电视媒体融合发展的趋势与本质。

近年来,随着AI、大数据、云计算、VR、5G的兴起,电视媒体与新媒体融合的渠道更加丰富,包括移动客户端、移动网站、新闻客户端、官方微博、微信公众号、抖音、快手等应用平台。学界的研究视野也因此变得越来越开阔,从融合战略发展研究看,大多数学者从新媒体对电视媒体的挑战或

---

① Ensi Tang:《融合媒体时代短视频剪辑的大众传播分析》,《中美英语教学》,2020年第17卷第3期。

② Lingyue Du:《媒介融合时代基于大数据的媒介生产创新》,《国际社会科学和教育研究》,2020年第3卷第5期。

电视媒体与新媒体融合的必然性出发，阐述两者融合的现状，提出两者融合所面临的问题，并提出对策。

综观国内对电视媒体与新媒体融合发展战略的研究，小到具体的软件应用，大到技术的发展，都为本书的撰写提供了新的思路和新的方向。无论从宏观还是从微观方面，这些研究主体思想相似，大致可以归纳为：融合应为思维、机构、经营、产业的多维度融合，融合方式则为充分发挥电视媒体的内容优势和新媒体的平台优势，从而实现两者在内容、形式与传播理念上的全方位融合。而关于微观层面技术与电视媒体融合的研究，如5G、大数据、云计算、人工智能、虚拟现实等新技术形态与电视媒体融合发展的研究则相对滞后。

鉴于国内电视媒体受体制、政策的制约，各种新兴的市场竞争主体存在利益纠葛，新的产业链尚未形成等因素的影响，国内学者关于两者融合发展的研究主要集中在以下几个方面。

（1）电视节目形态、模式及内容的创新。在新媒体冲击下，传统电视行业的生态环境和语境不断发生变化，传统电视节目存在诸多发展问题，已无法适应这个飞速变化的社会以及受众日新月异的审美。而新媒体给传统电视业带来了变革，为不同类型的电视节目注入崭新的活力，不断增强节目制作的集成性和灵活性，在发挥传统电视节目权威性的同时，自主创新，塑造独立、原创的节目品牌，利用虚拟现实、人工智能等先进技术，促成节目形式、类型的多元化。

就新媒体对传统电视的内容影响而言，网络文化逐步渗入电视内容生产过程，网络IP（Intellectual Property）改编的电视剧、电影逐步占据电视荧幕，从《甄嬛传》到《三生三世十里桃花》，借助原著以及作者的"粉丝"基础保证了电视节目的播出效果。而追随热点，从而将流量明星作为节目内容的收视支撑点。时效性作为互联网络的最大特点，为传统电视节目制作带来了本质性的影响，使节目收视率的基础从质量向流量转变。进而，"新媒体为受众赋权，受众拥有了话语权和选择权，而媒介素养尚未养成，因此，电视节目为了迎合受众喜好从而出现泛娱乐化倾向"[1]。

除了台网联动合作制作视频内容以外，网络视频网站自制内容的反向输出加速了台网对接。例如，芒果TV制作的《明星大侦探》在第一、二季反

---

[1] 冷淞：《电视媒体的"互联网化"观察：基于视听内容的视角》，《现代传播（中国传媒大学学报）》，2017年第8期。

响热烈以后，被输出到湖南卫视；优酷制作的《晓说》先后被输出到浙江卫视和东方卫视；搜狐视频制作的网络剧《他来了，请闭眼》被输出到东方卫视；等等。由此可见，如今的视频输出方向出现逆转，电视台不再是网络视频平台单向的内容提供者，网络自制优质内容实现了与电视台的对接，体现出网络自制内容质量的提升以及网络视频平台的强大生产能力。电视台引入优质的网络视频内容，在满足互联网时代受众喜好的同时，取得了电视内容的先期检验效果，规避了收视率爆冷的风险。

融媒体时代下，新媒体正在塑造不同的节目形态和模式。例如，法制类电视节目是国家法制思想与我国当代社会紧密联系的产物，但作为传统电视节目形式，在新媒体的冲击下也逐渐陷入发展困境。有的学者以 CCTV－12《大篷车》栏目为具体案例，分析法治频道与新媒体的融合实践。CCTV－12 的《大篷车》栏目打造以"一车两亭"为标志的移动场景，"通过与受众屏幕内外、线上线下的多方面互动，促进了与受众之间强联结关系的形成，使频道内容可以进行深层次和广范围传播，更便于受众学习、接受"①。

电视新闻节目进军移动互联网是电视媒体发展的必然趋势，传统电视新闻单向、线性传播的方式已经不能满足移动互联网环境下用户碎片化获取新闻的需求。有的学者以"央视新闻"新媒体产品为例，分析了移动互联网环境下电视新闻的交互式体验、聚合式传播、个性化设置等特点，并提出了"强化移动直播、提高互动性以增加用户黏性、优化用户的产品使用体验等传统电视新闻在'互联网＋'环境下的优化策略"②。在受到新媒体挑战的背景下，传统电视新闻媒体应发挥自身的优势，在保持公信力的同时，加强深度报道与本地化挖掘，利用 AI、大数据、VR 等技术对内容、平台进行创新，推进新闻直播报道、多平台分发内容、增强互动交流，等等。

（2）短视频与电视的融合发展。视频化成为近年来媒介融合的关键词，短视频传播的转向与兴起，一方面顺应了技术上行对资费降低和网速提高的发展趋势，另一方面也符合用户对信息获取和生产的个性化需求。与此同时，短视频自带的社交属性还进一步增强了用户黏性。短视频生态已经重塑了信息的呈现形式、关系连接的方式，成为公众展现自我价值的手段。因

---

① 冷淞、王婷：《"CCTV－12 大篷车"：塑造年轻形象　促进融媒升级》，《电视研究》，2018 年第 9 期。

② 熊逸：《传统电视新闻在移动屏传播的优化策略探析——以"央视新闻"新媒体产品为例》，《电视研究》，2017 年第 6 期。

此，电视媒体与社交媒体的融合也要与时俱进，理应将电视与短视频的共融作为重要议题对待。

从业界看，许多电视媒体较早地进行了布局短视频的可行性研究，从短视频的火爆、电视媒体发展短视频不足的原因和优势，到发展短视频需要解决的问题，均有涉及。在此基础上，学界也对电视媒体进军短视频领域充满了信心，因为"网民期待有现实观照度的硬视频"。而短视频"既是自身品牌影响力在移动互联舆论场上的延展，也是将年轻人对硬新闻的注意力从移动端小屏幕导流到电视大屏的有效手段"①。有的学者认为"电视媒体需要在理念转型、实践转型、坚守职责、团队再造四个方面打造电视媒体将视频优势延伸至新媒体舆论场的着力点"②。

目前，电视媒体与短视频融合发展的研究开始向精细化发展，研究方向也更为多元。如有的学者对中外电视媒体的移动短视频进行了对比研究，指出"国内电视媒体的移动短视频实践多为零碎化的尝试，缺乏整体架构思路"③。而架构的起点是反思自身的品牌风格，电视媒体应当根据不同平台的用户特点进行个性化分发，这是扬长避短的突破口，同时也意味着电视媒体不仅要兼顾公共性信息需求，还要重视用户的差异化需求，生产具有互联网基因的原创短视频。如果运用话语理论和叙事理论，采用样本分析法和文本分析法来分析比较主流媒体和商业媒体新闻短视频的话语与叙事特征，则有助于我们理解电视媒体与短视频的差异性与互补性。这样，电视媒体与短视频各自拥有的"长""短"属性便有了新的定义，"短视频由'极短'实现了'超长'的现实效果"④，电视也可以通过"大屏拆条"和"小屏原创"维护自身的专业性，弥补短视频浅表化的缺陷。比如，2020年新冠肺炎疫情期间，"央视新闻"的快手短视频便彰显了主流媒体的影响力，其中原因除了有权威背景之外，更为重要的是电视媒体在主动靠近流行的叙事策略，通过"在场感与个体化的视角，UGC+PGC的新闻生产方式，碎片化、

---

① 戴元初：《新闻短视频：电视媒体影响力转移的最佳接口》，《视听界》，2017年第4期。

② 张庆：《传统电视媒体进军短视频的误区与着力点》，《现代传播（中国传媒大学学报）》，2017年第12期。

③ 屈波、李阳雪：《移动短视频：国内电视媒体融合实践的新路径——中外电视媒体的移动短视频对比研究》，《电视研究》，2018年第8期。

④ 冷淞：《论短视频对传统电视新媒体化赋能的独特性》，《现代传播（中国传媒大学学报）》，2019年第10期。

即时性、震撼力的视频形态"①，完成了情感唤起与共鸣。

（3）技术对电视终端智能化的驱动。作为电视融媒体产业不断前进的内在驱动力，大数据分析、人工智能、云计算、虚拟现实等尖端技术在电视融合和转型中发挥着越来越重要的作用。当下，智能电视终端的网络化、智能化特征愈加明显，硬件终端正在着力构建强大的"内容平台"，于是，"我国智能电视终端硬件的生产厂商纷纷朝着智能制造、智能研发、智能+互联网方向发展，智能化正在成为智能电视机和各种机顶盒等电视融媒体产业硬件设备的特质和内在属性"②。

在电视媒体与新媒体的融合发展中，"技术发挥着核心作用，先进的技术是媒体融合创新的根本保证，大力创新技术应用，创造用户的电视观看崭新体验"③。电视媒体应发挥体验经济的优势，加强 4K、3D、AI 电视节目的制作，促进 VR、AR、MR 技术在电视传播中的运用，提升用户的沉浸感与愉悦感。电视虽然没有手机、电脑的移动性优势，但电视大屏的接收体验仍然不可替代。因此，"多屏联动、智能升级"④ 将成为电视未来的发展方向。多屏联动、跨屏互动将成为智能电视满足用户互动需求的重要方式。有专家提出，"共享化和智能化成为未来媒体发展的重要趋势"⑤。

"三网融合"在实现技术层面的融合以后，势必会进行终端的融合。例如，交互式网络电视（IPTV）作为传统电视的替代物，在提供内容服务的同时，还可以与网络互联，产生实时网络点播、节目回放等传统电视所不具备的功能。因此，IPTV 不仅可以替代传统电视，甚至可以成为多元媒体融合的重要产物。OTT TV 也是电视终端智能化的产物，其中"OTT"是"Over the Top"的缩写，意味着其可以越过传统电视台，将电视内容以及网络自制剧、网络大电影等网生内容直接通过互联网络以及机顶盒传递给用户。而 T2O（TV to Online）则是媒介融合时代电视媒体与线上网络的有效对接，受众可以一边观看电视节目，一边进行网络购物。"这种边看边买模式将电视终端的娱乐与网络终端的消费自动勾连起来，实现电视与电商的跨界共

---

① 武楠、梁君健：《短视频时代主流媒体的新闻生产变革与视听形态特征——以新冠肺炎疫情期间"央视新闻"快手短视频为例》，《当代传播》，2020 年第 3 期。
② 高红波：《中国电视融媒体产业的创新与发展》，《教育传媒研究》，2016 年第 3 期。
③ 李岚：《创新融合传播渠道　放大广播电视影响力》，《电视研究》，2017 年第 1 期。
④ 信险峰：《电视将向何处去》，《传媒》，2017 年第 1 期。
⑤ 胡正荣：《智能化：未来媒体的发展方向》，《现代传播（中国传媒大学学报）》，2017 年第 6 期。

赢，充分释放了传统电视媒体的市场价值"①。T2O 是将受众的注意力转化为购买力的一种高效变现模式。

（4）电视行业内的多元生态融合。目前，我国广电上市公司主要有歌华有线、华数传媒、天威视讯、电广传媒、湖北广电、吉视传媒、广电网络、江苏有线、东方明珠、中信国安、广西广电、贵广网络等。从若干广电上市公司的媒体融合创新举措看，在"互联网＋电视"的背景下，"广电公司在'广电宽带''智慧广电''高清互动''一云多屏'等方面，反映出我国电视融媒体产业'互联网＋'的发展动向"②。宽带业务的普及为单向传播的电视行业打通了双向互动的通路，数字化电视的发展促使高清互动成为电视融媒体的新追求——"一云多屏"的实现，电视播放终端的移动化、多元化和智能化，包括智能手机、电脑、电视等多个屏幕。进而"在我国电视产业与电信产业融合创新发展过程中，'广电军团'以广电网络为基础设施积极向电信运营商方向转变，在渠道融合、内容融合、平台融合等方面，成为'互联网＋'视域下中国电视融媒体产业创新发展的风向标"③。此外，广电机构在云平台建设方面投入巨大，如中央人民广播电台的"中国广播云平台"、湖北广电的"长江云"、江苏广电的"荔枝云"等。基于大数据、云技术体系建立内容及服务共享平台，发挥全媒体优势，实现传统产业部分转型。虽然诸多电视台正在探索、应用云端化，但是"彻底地实现还需要思维和技术的不断跟进。同时，云端内容的稳定性、云端内容的安全加密体系也应同步推进"④。

在媒体融合背景下，"广电＋"生态是广播电视媒体转型的探索方向。2016 年，湖南广电提出"湖南卫视＋N"的发展战略，其中，"N 是指电影、游戏、动漫、出版等多种形态及产业，实现跨界融合，延长 IP 产业链，

---

① 冷淞：《电视媒体的"互联网化"观察：基于视听内容的视角》，《现代传播（中国传媒大学学报）》，2017 年第 8 期。

② 高洪波：《"互联网＋电视"：中国电视融媒体产业的场域空间》，《现代传播（中国传媒大学学报）》，2018 年第 9 期。

③ 高洪波：《"互联网＋电视"：中国电视融媒体产业的场域空间》，《现代传播（中国传媒大学学报）》，2018 年第 9 期。

④ 胡正荣：《智能化：未来媒体的发展方向》，《现代传播（中国传媒大学学报）》，2017 年第 6 期。

获取长尾利润"①。构建广电生态圈，催生新模式、新产品、新业务，并使之成为实现价值增值的重要方式。在构建广电生态圈的同时，电视融媒体倒逼传统电视行业结构变革。传统的组织结构存在着管理成本高、效益低的缺陷，进入互联网时代后，为了适应新的时代要求和传播需求，"传统电视行业内部进行组织结构的改革，由传统的逐级管理组织到当下的网络型组织结构，模仿互联网不同结节之间高效、快速、自由的沟通逻辑进行变革，减少信息损耗，避免时间延滞，从而提高管理效益"②。

（5）新媒体环境下电视从业者的角色嬗变。电视从业者的流向是由行业及其平台共同决定的，在传统电视媒体与新媒体融合之际，行业内部对不同岗位、不同职能部门需求的变化以及对布局的整合势必促使电视从业者的流动性、专业化增强，对其业务能力的要求也相应提高。"新媒体环境下，主持人依旧承担节目内容采编的职能，但是从采访转变为信息采集，利用新媒体如微信、微博等社交媒体以及网络视频网站等应用进行信息采集、吸收二手信息，填充节目内容"③。"采编"意味着主持人在收集信息以后对其进行系统的整合加工，以适应电视节目主题及标准，其采编过程具有信息来源丰富多元、信息采集精准针对、即时采编时效性强等特点。

而主持人采编功能的嬗变体现其在自我话语空间范围内自由发挥程度的增加，主持人从信息传递者、播报者变为信息采编人员、解读评论人员等多重角色，更体现其个人特色及自主能动性。"主持人信息采编就是融媒体理念下'主持人+'的媒体融合传播模式，在主持人的操作下将电子媒体与互联网的内容融合"④。新媒体在与传统电视业融合的过程中，虽然并未针对电视节目主持人提出过多的转型要求，但是新媒体或多或少的不同于传统电视的要求都会使得主持人顺应时代要求做出变革，正如白俊所言："新媒体给电视节目主持人带来了'蝴蝶效应'"⑤。新媒体时代下，选择电视节目主持人的要求不再是外貌优先，智慧型主持人成为受到当下电视节目青睐的

---

① 胡正荣：《智能化：未来媒体的发展方向》，《现代传播（中国传媒大学学报）》，2017年第6期。

② 胡正荣：《智能化：未来媒体的发展方向》，《现代传播（中国传媒大学学报）》，2017年第6期。

③ 李琳：《新媒体环境下节目主持人"采编"新释》，《新闻界》，2016年第18期。

④ 李琳：《新媒体环境下节目主持人"采编"新释》，《新闻界》，2016年第18期。

⑤ 白俊：《新媒体给电视节目主持人带来的"蝴蝶效应"》，《电视研究》，2016年第S1期。

人选,例如黄西、高晓松等,他们具有深厚的文化积淀、专业的主持功底以及高超的处理突发情况的能力,体现出新媒体与电视节目主持人融合的优势。

然而,"针对新媒体时代的电视记者而言,他们要从新闻报道人向新闻策展人华丽转身"①。"策展人"一词源于英文"curator",全称是"展览策划人",指在艺术展览活动中担任构思、组织、管理的专业人员。受到互联网时代海量信息的覆盖,电视传媒受众可能无法从海量内容中抓取高质、高效的内容,因此,需要新闻策展人对海量内容进行搜集、整合、压缩,从而将之呈现在受众面前。于是,电视记者逐渐从单一的记者身份向"掌控技术的'超级记者'、信息海洋里的'买手'、公共讨论中的主持人、职业道德和社会责任的守卫者转变升级"②。

(6)电视与新媒体融合发展的路径审思。在新媒体传播力、影响力越来越大的现实面前,"很多网络新兴媒体通过最新技术手段,极大地满足了受众的信息、互动和社交需求,拥有了无与伦比的媒体能量,但却在信息采集、加工、选择、传播这套经典的媒体传播价值链条上没有新的突破,甚至还没有成熟"③。也就是说,新媒体在拥有强大优势的同时,依然存在与传统电视相同的难以保持用户黏性等困境,尤其是智能传播信息造成的信息茧房、群体极化、后真相等问题,仍值得我们思考和有待解决。

传统电视业的价值在于其对有限传播渠道的垄断以及传播的海量内容,但在互联网时代,"媒介融合并非传统媒体与新媒体的简单相加,它成为一种独立的范式而并非惯性式的转型"④。当下传统电视与新媒体的融合,是一种逻辑、范式、结构及诉求的变化,传播者需要洞察市场动向,顺应用户的改变,满足社会需求。"互联网+"促使各大产业纷纷跨界融合,电视业亦形成广泛融合的现象,但是很多情况下,"融合只是渠道和平台的简单整合,并未真正利用、发挥新媒体的时空特点,缺乏对产业内部组织及生产流程等方面的深度融合。广电媒体融合不仅要相加,更要实现相融,促进新老

---

① 蔡雯、邝西曦:《对话式传播与新闻工作者角色之变——由"僵尸肉"新闻真假之争谈起》,《新闻记者》,2015年第9期。

② 李敏、谭天:《融合中转型:从电视记者到新闻策展人》,《电视研究》,2016年第8期。

③ 徐立军、王玉飞:《2018年中国传媒的基本面与机会点》,《现代传播》,2018年第1期。

④ 孙玲:《传统广电媒体和新媒体的融合问题》,《中国出版》,2017年第2期。

媒体的协同发展"①。

此外，在融合过程中要坚持正确导向，防止泛娱乐化。当前，"传媒作为娱乐资本助推器，成为商业意识形态下的感官幻觉制造者。'明星IP+IP授权+全产业链协同变现'的商业模式，正在全媒体时代完成娱乐IP生态架构"②。而在互联网时代，用户被海量信息、多元渠道所裹挟，个体更加自主化、独立化，媒介素养的低下往往导致用户容易受到信息泛娱乐化的袭扰，受其麻痹。因此，传统广电传媒要坚持正确的导向，发挥传统媒体的权威优势，引导舆论和审美，塑造积极向上的传媒空间。

（7）媒介融合发展中的实践困境。媒介融合这一概念最早由尼葛洛庞帝于1978年提出，它准确地指出了媒介融合的方向。美国学者鲍德温等在《大汇流——整合媒介、信息与传播》一书中对美国《电信法》改革后的媒介融合技术、市场、政策等进行了论述。丹麦学者延森则"从网络传播、大众传播、人际传播的不同维度思考媒介融合的信息传播方式、传受关系、传播理念、传播规律等"③。国内有关"媒介融合"的初步设想出现于21世纪到来前夕，当时的"电子报"一直被当作报纸和互联网结合的一种可能，而1997年10月召开的"全国电子报刊经营现状与发展趋势研讨会是中国媒体第一次进行的网络传播研讨会"④。

然而，在媒介融合实践多年之后，即便对"媒介融合"的研究已呈现繁荣趋势，传媒业界对新旧媒介更迭的焦虑不但没有得到缓解，并且，随着互联网下半场的到来，AI、5G、VR、大数据、算法、物联网等技术不断涌现，有关媒介融合的讨论进入了更加深刻的思考层面。许多学者主要从批判的视角出发，指出了此前在媒介融合实践中存在的根本逻辑误区。

就实践来看，目前，传统媒体机构中的新媒体（融媒体）部门常常处于一种比较尴尬的位置，其突出表现为在整个机构中的定位不准以及与整个内容生产的关系不明。"如果仍然是作为一种单线联系偏于一隅的独立业务部门，已经远远不适应融媒体的发展要求，融媒体生产中占据重要地位的技

---

① 孙玲：《传统广电媒体和新媒体的融合问题》，《中国出版》，2017年第2期。
② 孙玲：《传统广电媒体和新媒体的融合问题》，《中国出版》，2017年第2期。
③ 严三九：《中国传统媒体与新兴媒体融合发展的现状、问题与创新路径》，《华东师范大学学报（哲学社会科学版）》，2018年第1期。
④ 胡泳、黄秋心：《中国网络传播研究：萌芽、勃兴与再出发》，《新闻战线》，2019年第3期。

术问题如何处理与如何配合,就是一个难题"①。更重要的是,"融媒体"理应成为整个媒介机构内容生产和媒介运作的平台和中心,而且也唯有如此,才符合"转型"之本意。然而,如果真要改变现有"融媒体"部门的地位,让"融媒体"与所有方面进行对接,势必伤筋动骨,同时还要对"型"有一个全新的设想,……未来的报纸要创建受众拓展职位,组建数据分析团队,创建战略分析团队,鼓励跨部门合作,等等,绝不是一个"融媒体"部门能够做成的。②而电视台与视频网站的深度融合,"其中存在组织结构、运营理念、企业文化多层面的不对称,严重者会导致融合生产运营的低效甚至失败"③。

在媒介融合不断推进的过程之中,业界始终走不出一个误区,即将"'互联网+'的指导思想混同于'+互联网'的思维。虽然这一对词语从表面看上去仅仅只是'+'号放置的位置区别,但其内涵却千差万别,以何种思维对媒介融合进行指导,甚至可能决定一个媒介机构的生死存亡"④。"互联网+"的思维强调的是以互联网技术本身的逻辑为核心,全面重构媒介行业中的种种元素与资源配给,而互联网技术逻辑的核心又指向用户需求,也即用户思维。而"+互联网"思维则全然不同,互联网只是被视为传统媒介传播过程中的一个补充渠道,其思维主体仍是传统媒介本身,而忽略了技术自身的逻辑与用户需求。换言之,"以前一种思维指导媒介融合实践,一定会造成行业内部资源配置的大洗牌,而后一种思维只是一种补充,莫过于一种小修小补"⑤。

2. 媒介融合的研究与实战误区

有关"融合"的初步设想,例如"电子报"一直被当作报纸和互联网结合的一种可能,正是这种"+互联网"思维误区的体现。若说在媒介融合探索之时陷入这样的误区尚情有可原,那么,20多年后的今天,多数传统媒介机构仍以"+互联网"的思维指导融合实践,而使自身的发展陷入

---

① 黄旦:《试说"融媒体":历史的视角》,《新闻记者》,2019年第3期。
② 黄旦:《试说"融媒体":历史的视角》,《新闻记者》,2019年第3期。
③ 严三九:《中国传统媒体与新兴媒体融合发展的现状、问题与创新路径》,《华东师范大学学报(哲学社会科学版)》,2018年第1期。
④ 严三九:《中国传统媒体与新兴媒体融合发展的现状、问题与创新路径》,《华东师范大学学报(哲学社会科学版)》,2018年第1期。
⑤ 严三九:《中国传统媒体与新兴媒体融合发展的现状、问题与创新路径》,《华东师范大学学报(哲学社会科学版)》,2018年第1期。

窘迫的境地，无疑是缺乏深刻反思的结果。所幸研究者们现已注意到行业内部的改革始终缺乏动力，并开始对这一逻辑误区进行修正，对媒介融合理论和实践进行了一系列澄清和纠正。

在对电视媒体的具体融合策略展开研究之前，笔者希望重点对媒介融合的概念重新澄清，做此考虑是因为有学者将媒介融合宏观逻辑研究或者顶层设计比作穿衣时系第一颗纽扣的行为，因为"战略问题如同系衬衣的'第一个纽扣'，这个纽扣系对了位置，哪怕慢一点，也是在朝着正确的方向逼近和靠拢，如果这个纽扣系错了位置，到头来还要重来，结果自然是南辕北辙"①。而更关键的问题在于，若将媒介研究的种种话题视为一件件"衬衣"，"媒介融合"无疑是最容易系错第一颗纽扣的一件，这主要是由于技术逻辑从未如此深刻、全面地主导着人类世界的架构，以致过往的媒介演进的经验几乎是失效的，人们只能"摸着石头过河"，更要在实践之中密切观察并不断地反思与修正。

关于媒介融合，至少有三个关键问题需要厘清："一是我们在媒介融合中是否要救活所有传统媒体？二是在传统的媒体架构基础上的全媒体、全数字化是否就是媒体融合？三是技术救命、渠道融合是否是媒体融合的正途？"② 同时需要对上述问题做出解释与分析：第一，一个新时代的开启必定代表着陈旧要素的消解或重组，传统媒介不可能完整地、无任何损耗地步入新时代。而大部分传统媒介对媒介融合必须经历的"浴火重生"的过程缺乏深刻认知，心理准备也严重不足。第二，若媒介融合仅仅是在保持传统媒体架构不变的基础之上进行全媒体、全数字化的改造，那么媒介融合只是意味着资金投入和技术改造。第三，媒介融合是一个"要素重组、结构重组、市场重组以及生态规则全方位重组的深刻改造的过程"③。技术的确可以"救命"，但前提是传统媒介必须按照新的规则、新的机制去全方位地改变，仅仅"将互联网当作传播渠道的补充，是过分机械的行为，没有发挥

---

① 喻国明：《今天的媒介融合应当怎么做——从互联网时代的常识到新传播格局的大势》，《教育传媒研究》，2019年第4期。
② 喻国明：《今天的媒介融合应当怎么做——从互联网时代的常识到新传播格局的大势》，《教育传媒研究》，2019年第4期。
③ 喻国明：《今天的媒介融合应当怎么做——从互联网时代的常识到新传播格局的大势》，《教育传媒研究》，2019年第4期。

人类思考的主动性，也必定会在实践的检验中得到教训"①。传统媒体机构曾经持有的传播渠道的霸权，在"万物皆媒"的形势下，已经近乎消解，互联网赋予了每个个体以传播渠道，在用户生成内容（User Generated Content，UGC）、专业生产内容（Professional Generated Content，PGC）、职业生产内容（Occupationally Generated Content，OGC）共同参与传播的情况之下，传统媒体的影响力已大大降低，如今已经没有任何一种能够称得上引领潮流的主流媒介，因此，"能否把种种新的传播形态充分有效地纳入自己的平台的机制构造中去，是判断一种媒介能否成为新时代主流媒介的最为重要的标准"②。

在应对新媒体的挑战时，多数媒体的最初做法是设立一个新媒体部门，传统业务和新媒体业务各自为政，这种情形如今已经无法适应当下的形势，"媒介融合若还在原来的传统媒介形态上修修补补，就会没有出路"③。关于媒介融合的误区，有的学者引用了习近平的讲话："从总体上看，发展还很不平衡，有的是'＋互联网'，而不是'互联网＋'，只是将传统媒体和新媒体作简单嫁接，'左手一只鸡，右手一只鸭'，没有实现融合。融合发展关键在融为一体、合而为一。要尽快从相'加'阶段迈向相'融'阶段，从'你是你、我是我'变成'你中有我、我中有你'，进而变成'你就是我，我就是你'，着力打造一批新型主流媒体。"④

而有的学者则从媒介史学的角度，指出了"媒介融合"话题之下另一个重点概念——"转型"一词中存在的逻辑误区。"从媒介史的角度看，新媒介的兴起与旧媒介的改变，并不是依照转型的轨迹，而是不同媒介自成一体，从而导入一个新旧媒体共存的张力格局。转型还可能带来另一个误区，即以传统媒体的标准和规则来衡量融媒体及其作品，从而把融媒体仅仅视为一种新的手段或者形式，这种思维方式往往无法适应新兴媒介的技术逻辑"⑤。若从语言概念的视角对"转型"一词做进一步剖析，其中暗伏语义陷阱，即"转"与"型"本不成因果，"型"不一定能"转"，而且也未必

---

① 喻国明：《今天的媒介融合应当怎么做——从互联网时代的常识到新传播格局的大势》，《教育传媒研究》，2019年第4期。
② 喻国明：《今天的媒介融合应当怎么做——从互联网时代的常识到新传播格局的大势》，《教育传媒研究》，2019年第4期。
③ 陈力丹：《认识融合传媒的力量》，《新闻春秋》，2018年第4期。
④ 陈力丹：《认识融合传媒的力量》，《新闻春秋》，2018年第4期。
⑤ 黄旦：《试说"融媒体"：历史的视角》，《新闻记者》，2019年第3期。

由"转"而来，能"转"的未必是"型"，而且"转"了亦未必就能成"型"。由此可见，"转型可能是危险的，因为这个词暗示从一个固定状态转向另一个，而且还含有终点之意。从一个'固定状态转向另一个'，言说的正有此意，涉及的正是'转'和'型'的关系"①。所以说，"转型一说的核心漏洞在于，其将言说主体落在了单独的媒介上，这容易将媒介的整体性变化，误认为是部分累加的、线性的进化，由此也将媒介历史理解成了单向度的工具运用的历史"②。

2019年，中国人民大学新闻学院举行了第15期新闻传播学深度研讨会，多位学者围绕"融创未来：主流新媒体平台运行及趋势"主题进行深入探讨，有的学者提出了"媒介碰撞""媒介换代"两个概念，用以解释甚至替换"媒介融合"的概念。因为碰撞是一种强烈的竞争，融合是竞争和经营的方式或过程，替代则是竞争和融合的结果。现在传统媒体的功能基本上被新媒体替代甚至取代，网络报、手机报或手机电视可以采纳一些传统媒体的内容或形式，但本质上已经取代传统媒体，因而不是媒介融合，而是媒体换代。尽管这两个概念的内涵和外延是否合理还有待探讨，但这种观点想表述的核心思想仍旧同上文所提到的几位学者的观点类似，也就是说，媒介融合必须充分考虑互联网本身的逻辑，以其为核心进行行业内各要素与结构的调整，而不是在传统媒体的固有结构之内故步自封。

有的学者则从国家政策的角度，指出渠道融合过程中必定存在多种类型的阻力，其经验与教训的成因都是多方面的，需要避免由于片面归因而导致认识误区。事实上，国家曾多次从政策层面对传播渠道创新予以引导和鼓励，但一些由政府机构、传统媒体发起的渠道扩展并未得到市场认可，由此便产生误区，认为渠道融合主要是由政策推动的，因而市场认可程度低。以"三网融合"为例，"这一政策虽然进展不尽如人意，但不会终止，移动互联网将进一步改变三网融合的市场格局，将演变为NGB、移动互联网及物联网的融合"③。在媒体创新实践中，许多传统主流媒体在积极推动"中央厨房"改革上也存在一些问题，比如，"中央厨房"虽然是内容生产流程重构的典型代表，但并不能适应所有场景中内容生产的需要等。

---

① 黄旦：《试说"融媒体"：历史的视角》，《新闻记者》，2019年第3期。
② 黄旦：《试说"融媒体"：历史的视角》，《新闻记者》，2019年第3期。
③ 严三九：《中国传统媒体与新兴媒体融合发展的现状、问题与创新路径》，《华东师范大学学报（哲学社会科学版）》，2018年第1期。

喻国明曾用"第一颗纽扣"做比喻,表明从概念、逻辑的高度把握媒介融合总体方向的重要性,还将"战略"与"战术"做对比,用"0到1"和"1到100"做比喻,指出了"媒介融合"概念的重要性。喻国明指出:"见人所未见,言人所未言,击中社会绷得最紧的那根弦的见识",这才是构成一篇一流报道的第一要件。①。一般来讲,创新大体上有两类:"0到1"的创新和"1到100"的创新,前者是基础,是核心。而现实中的问题就在于,往往在还没有高质量地解决"从0到1"的问题之前,便急于要去解决"从1到100"的问题,换言之,就是未分清质与量的轻重问题。而"媒介融合"在处理"质与量"这对辩证关系时存在的问题就是,"我们的媒介融合一直是围绕着渠道而展开的,殊不知渠道为王的时代早就已经终结。现在是一个"万物皆媒"的时代,一个或少数几个渠道的掌控的价值已经不大。比如,过去有十个渠道的时候,一个渠道做到中间水平,就是十分之一的市场占有率和影响力;现在有一万个渠道,还做到中间水平,那就只是万分之一的影响力和市场占有率。因此,如果媒体融合仅仅在有限的几个渠道之间做加法或叠加整合,这种融合发展的道路选择本身从根本上就是有问题的。因此,在媒介融合的过程中,尊重来自市场、来自实践的首创精神,先做好市场洞察与用户洞察是完成'从0到1'的关键"②。

如何从"战略"的概念上阐明"互联网+"的重要性?有学者认为,"媒体发展战略应当与业态动向保持一致,并结合自身发展阶段体现出一定的超前性"③。例如阿里巴巴与第一财经的合作以及阿里巴巴收购优酷土豆的行为,其战略考量在于"媒体+数据",这种"互联网+"式的合作通过整合用户、数据、内容、渠道,能够牢牢把握住未来媒体格局的入口。也就是说,"'互联网+'带来的是生产关系的重构,是新的经营与盈利模式。通过互联网,可以激发用户的信息需求,提升传统媒体业务水平,促进传统媒体业整体业态升级。无论是云计算、大数据、虚拟现实技术的应用还是'互联网+'的部署,都体现着顺应媒体深度融合趋势、优化媒体产业集群

---

① 喻国明:《再造主流话语形态的关键:用户本位、构建魅力、营造流行》,《新闻与写作》,2019年第9期。

② 喻国明:《智库与创新:互联网发展"下半场"的机遇》,《新闻与写作》,2018年第6期。

③ 严三九:《中国传统媒体与新兴媒体融合发展的现状、问题与创新路径》,《华东师范大学学报(哲学社会科学版)》,2018年第1期。

融合发展的思路和方向"。①

通过以上对近年来有关媒介融合观点的梳理不难发现，学者们从不同的角度、用不同的表述指向的同一个问题便是，在互联网时代，媒介融合一定要以互联网为主体，根据互联网技术逻辑提出的要求与用户需求来对媒介要素进行布局和组合，而不是因循守旧、固守传统媒介的生产及传播规律，在其基础之上将互联网作为渠道进行补充。而学者们之所以在近几年集中关注与研究这一问题，乃是进入互联网下半场后媒体融合发展战略亟须纠偏这一形势所迫。

电视媒体的发展与演化是在社会、文化、技术相互交织的背景下进行的，与科技发展有着最为密切的关系，技术作为其强大的驱动力，常常为电视媒体带来由内至外的全面的改观。同时，电视也为技术的普及和升级做出了贡献：最早是数字化转型，然后开始网络化，随后又开始布局新媒体。对电视而言，数字化重点解决的是内容的再编码和标准化问题，这是起点和基础。网络化解决的是内容的分布、搜寻和交互操作，这是第一步提升；而新媒体化解决的是内容的随时和随地获取的问题，这是第二步提升。透过电视媒体发展的"后视镜"，人们清晰地看到，传统媒体领域发生的最大变化就是让"数字"和"交互"式传播深入人心。如今，随着移动互联网技术的普及，数字、交互加上"移动"已经成为今天媒体机构的标配，也构成了大众的基本传播需求。事实上，数字化、网络化与新媒体化的区别只是出现节点的早晚，并非相对独立的阶段，而是相互渗透、相互铺垫与相互包容的进程。这三类主要的技术作为助推力，促使电视由模拟变为数字，由二维变为三维，由标清变为高清，由单向变为双向，由线性变为可时移，由单业务变为全业务，由低端走向智能……因而可以说，电视媒体与新媒体的融合发展研究任重而道远，研究领域宽广而博大。

总体上看，目前国内外学术界从内容、渠道、产业、版权、盈利模式等方面对电视媒体与新媒体的融合发展都进行了较为深入的研究。

---

① 严三九：《中国传统媒体与新兴媒体融合发展的现状、问题与创新路径》，《华东师范大学学报（哲学社会科学版）》，2018年第1期。

二、本书的内容、结构、方法、观点与价值

(一) 内容简介

本书紧扣媒介融合与电视变革转型的脉搏与主线,运用融合思维与创新思维以及电视传播新理念,对我国电视媒体与新媒体融合发展中的重构、再造、变革与转型做了系统性、多角度的论述。运用传播学、社会学、管理学等多学科理论,对融媒环境下电视媒体融合发展的路径与模式做了较为深刻的剖析与论述。

(二) 结构与框架

在结构上,本书围绕重构、融合、再造和转型等四个关键词布局,内容框架主要包括绪论,以及融媒时代电视传播内容资源的整合与重构、融媒时代电视传播平台与渠道的重构、融媒时代电视传播终端智能化与移动化的重构、媒介融合带来受众与电视关系的演变、媒介融合形成电视媒体的多边互动、媒介融合促进电视全媒体转型、电视媒体融合新媒体发展的转型路径、电视网络化产业链转型中的体制与经营创新、电视融合转型中的可持续发展原则及实践等九章。

(三) 主要观点

(1) 重构、融合、再造与转型是电视媒体与新媒体融合发展战略研究的关键词与主基调。

(2) 对融媒时代电视传播现象、实践与问题的研究,应当全方位、系统性、多方法地进行,注重研究过程中总体与局部、一般与个别现象的关系。

(3) 融媒时代电视传播观念转变主要表现在以下四个方面:内容由宣传向服务转变,经营由封闭向开放合作转变,接受者从受众向用户转变,服务对象细分等。

(4) 电视媒体与新媒体融合发展,必须进行传播观念与传播机制的创新;其发展的重点区域将是移动互联网,电视新媒体产品的开发不能违背移动互联市场的逻辑;电视媒体的变革与转型要以用户为中心,以产品为纽带,理顺电视受众与视听内容的关系。

(5) 建构电视媒体与新媒体融合发展新机制,就是对电视媒体自身的

传播渠道、产品内容、制作手段、产业体制、经营管理模式等不断完善、优化和创新的过程。

（四）研究思路与方法

1. 研究思路

以传播学理论为主导，结合管理学、社会学、系统论等多学科理论，并吸收国外媒介融合理论与成果，从宏观视角审视与论述电视媒体重构问题，建构传播机制研究框架。辅以中观或微观视角，多层次探讨电视媒体与新媒体融合发展中的观念、价值、平台、传者、内容、受众、效果、生态、策略、管理等。

2. 研究方法

总体是理论演绎辅以实证研究，定性与定量分析结合，具体包括：①文献研究法。通过对相关文献的查阅、整理、归纳、分析，认清融媒时代电视传播的特点与变化，了解研究现状，建立架构。②系统方法。主要用于整体框架构建、网络平台架构、数据库建设等。③内容分析法。分析电视传播内容生产与集散、电视节目形态、服务渠道、全业务运营、用户需求、传播效果等。④个案研究法。以省、市、县级电视媒体融合新媒体发展的实践为个案，解析实践中的经验与问题，提出相关对策。

（五）学术创新点与学术价值

1. 学术创新点

本书紧紧抓住媒介融合与变革这一时代主线，将电视媒体与新媒体融合、电视传播变革实践分类进行探讨，用一种全新的视角对电视媒体与新媒体融合发展中的驱动因素、价值、行为层次和内在规律做出深度阐释，并对电视媒体在当今媒介格局中的融合发展状况进行了思考、剖析和展望。总体而言，创新之处主要表现在以下三个方面。

一是以融合与变革的新理念观照电视媒体与新媒体融合发展的新现象、新状态，力求推陈出新。①重视电视与网络媒体互动融合后传播渠道的变化，如融合路径、平台建构、全媒体转型等；②关注电视与新媒体融合内容生产与受众需求的变化，如内容集成、内容分发、电视节目形态变革等问题；③重视电视与新媒体融合发展后的电视传播变化，对之进行多维度考察，并在此基础上，对后融合时代电视媒体与社交媒体融合做前瞻性探讨。

二是综合运用多种方法对电视传播变化进行多方面的研究。本书综合运用文献研究法、系统分析法、内容分析法、个案研究法等，多视角地对融媒时代电视传播观念与模式、传者与受众、需求与反馈、内容开发与利用等问题进行深入研究。

三是本书研究跳出传统电视媒体思维拘囿，既有电视与电信、互联网横向比较的视野，也有从内容、受众、渠道、效果的多维层面和最新变化角度的观照，将电视媒体与新媒体融合发展置于动态、系统的新媒介生态中展开学理探讨，从而使得研究更贴合实际，具有一定的前沿性。

2. 学术价值

本书深入探讨了电视媒体和新媒体融合发展的变革现状与发展趋势，研究了电视媒体与新媒体融合发展的内在规律，具有时代性、前沿性和理论性，丰富了该领域的研究成果，为当代电视媒体与新媒体融合发展战略创新提供了相关的理论指导与参考建议，具有较高的理论价值与一定的现实指导意义。

第一章　融媒时代电视传播内容资源的整合与重构

"内容为王"是大众媒介传播者的共识，也是大众媒介的核心竞争力。对电视产业来说，其传输的电视节目内容是其最重要的资源，毕竟吸引观众的不是电视机，而是电视节目。视听新媒体涌现后，虽然分流了大量电视观众，但从视频网站的点击分布来看，大部分点播节目均来自传统电视台，也就是说，转向网络视听新媒体的受众，其实还是乐于收看电视媒体的节目，只不过是换了一个渠道：过去是面对电视机，现在是面对显示器或者手机屏幕。可见，优质的电视节目内容在任何传播平台都是受欢迎的。对电视业而言，重点在于把握内容资源，利用自身的内容生产优势谋求在媒介融合时代的新发展。

第一节　电视传播内容资源整合与重构的新格局

媒介融合背景下，多平台的融合扩展了电视内容资源的传播渠道，以此变化为前提，电视内容的生产机制、制作手段、传播方式以及内容资源的整合与重构形成了新的发展格局，尤其是媒介技术的发展为内容制作提供了低门槛而又专业的制作系统。

一、媒介技术促成内容制作的开放格局

借助数字化影像摄录采集、制作系统，以较低的投入就可以生产专业化的影像内容，这使得个人用户和小型机构有能力参与专业影像内容的制作和传播。以往，电视节目制作通常需要很大的设备投入，即使是电视上播放的普通节目，也多是由广播级摄录设备拍摄完成的，其后期制作主要依赖以硬件采集处理为核心的大型编辑系统，这对个人及小型机构来说是很难实现的。20世纪90年代后，数字摄录设备开始普及，数字摄录设备的核心为光电感应器，记录介质为存储卡或便携硬盘，记录文件为数字格式，数字化的改进使专业摄录设备进一步小型化和低廉化。与此同时，数字格式的影像文件的采集、编辑和发布变得更加容易和便捷，基于数字化技术的进步，个人

和小型机构越来越多地参与影像内容的制作。借助网络的传播平台,如抖音、快手、微视等短视频媒体平台,近些年形成了个人影像创作浪潮。

一方面,随着移动终端技术的进步,手机等智能移动设备具备了摄影、摄像功能,并且其摄像系统的清晰度和使用性也逐渐提高。在光线条件较好的环境下,一些高端的移动设备往往能拍摄出与专业摄像设备画面质量相当的视频。基于手机、便携音乐播放器、便携平板电脑等设备的拍摄功能的升级,影像内容制作的来源更是得到了极大的扩展。借助活跃于事发现场的移动终端,往往能拍摄出比电视台更具时效性和现场感的影像,而且,借助移动网络,所拍摄的影像内容也能进行实时发布传播,具备了个人微型电视传播机构的基本模式。技术元素已经成为电视影像内容生产的重要推动力,极大地提高了影像内容制作的便利性,不只是个人用户,就连电视机构也能借助技术进步更加有效地进行内容生产。数字化影像生产模式有利于电视节目内容数据库的建立,基于数字文件存储和检索的便捷性,电视机构内容资源库得以建立和丰富,并借此发挥自己的内容优势。

另一方面,传统电视影像内容来源多元化。电视机构直接参与一部分内容的制作,主要是新闻报道类、综艺栏目类的节目,而电视剧集及娱乐消遣类的节目多是由商业影视制作机构完成。更多影视制作机构的参与有利于提升电视节目的多样性,而数字技术降低了影像内容制作的门槛,个人和小型制作机构也能够参与到专业影视制作中。他们拍摄的影像内容除了在网络视听新媒体平台传播外,也成为电视内容的重要来源。正是技术革新带来了内容生产的开放格局,从而进一步完善了电视内容资源的构成体系。

二、媒介融合加速影像内容生产多元化

媒介融合背景下,传统大众媒介与网络新媒体在内容制作、传播平台及终端等多方面形成了融合发展的趋势,就影像内容生产来说,跨媒介影像内容的多元化生产向传统电视提出了挑战。

多元化影像内容的生产表现为传统纸质媒介向影像媒介的扩展。尽管传统的报纸、期刊、图书等纸质媒介传播形式与电视这类影像媒介有很大不同,然而,进入新媒介时代,依托网络平台及数字终端,一些大型报纸机构已经在其新闻网络平台上传输多种形式的内容。除了传统的文字、图片等静态内容,自制视频报道也成为其主推内容,如《华尔街日报》《纽约时报》等大型国际报业巨头,其新闻门户的视频报道占据了很大的比重。基于视频制作传播技术的发展,各类传播机构都可以从事视频内容生产,如新华社、

其视频报道内容正趋于完备和专业化，逐渐具备了与传统电视台规模相当的影像内容资源库，其影像内容的传播也比原有的以单一文字或图片为主的传播在交换上有了很大提升。当然，传统纸质媒介向影像内容的跨界发展主要还是要依托其网络平台，利用原有的采访报道队伍，借助便捷的影像制作设备。而传统纸质媒介利用自身原有的媒介资源优势，往往能生产具有独创性的影像内容。

除了传统纸质媒介利用网络平台生产及传播内容，大型门户网站及专门的网络视听新媒体在影像内容制作上的地位也越来越重要。早期的门户网站及网络视听新媒体发展重点放在平台建设上，影像内容多来自电视机构及个人用户。随着网络产业的发展，网络视频在内容资源的竞争越来越激烈，网络视听新媒体急需优质的影像内容资源来吸引更多用户关注，对优质影像节目资源的争夺加剧了其采购运营成本，成本的压力和对影像内容资源的需求迫使其将重心转向自制影像内容。自制影像内容不仅完善了网络视听新媒体的内容体系，不仅解决了其内容布局上原有的缺陷，而且比购买现成节目的投入少，影像内容的质量和专业性也比用户上传的要高出很多。综合来说，影像内容生产的多元化极大地丰富了原有的影像内容传播，原有以电视内容为主体的传播模式逐渐被改变，电视内容的生产被置于多元化竞争的格局之中。

三、网络化促使内容传播跨地域

传统电视节目依靠广播网、有线网及卫星传播，虽然对传播距离没有明显的限制，但总体来说，传统电视是地域性很强的媒介，电视台及其附属频道总是有针对性地在某些特定地域范围内传播，在限定范围外的地区，接收信号则很弱。虽然卫星传播在一定程度上突破了地域限制，但基于卫星信号加密传输和用户授权系统的管理，卫星传播本质上也是服务于特定地区的，而在城市，电视信号主要依赖有线网络的传输，所传播的地域会更广阔一些。

然而，在信息时代背景下，这种地域性的限制逐渐被技术所突破，数字技术和网络技术造就了"地球村"，原有媒介传播的地域性和空间限制被消解，全球化成为当前大众媒介发展的一个突出特征。正如大卫·克罗图和威廉·霍伊尼斯所描述的："全球化不仅仅是远距离通信技术的创新，重要的是它涉及了世界上不同地区文化的交流与合并，尤其是大众媒介，其全球化是指作为文化产品的传播内容可在全球范围内获得。"① 受众面对的不再是局限于本国或本地区的某些固定节目源，基于网络传播平台，影像内容在全球化扩展，受众对内容的选择变得多样化，进而使原有电视内容生产和传播的竞争平台也由区域扩大到了全球化。一方面，国内的网络视听新媒体大量引进国外的各类节目内容，这其中有的是个人用户上传的，有的是通过版权协议引进的，均形成了对全球电视内容资源的二次传播。另一方面，网络的开放性使全球用户信息获取受到的限制最小化，国内用户也可以浏览全球其他地区的各类视听媒体，网络传播使用户的跨地域接收影像内容成为可能，并且随着网络带宽的扩展以及网络电视的发展，让通过网络在线收看全球主要电视媒体的在线直播成为现实。提供这类服务的既有专门的应用软件，也有基于网页的直播服务网站，在这些网络直播平台上，受众能收看到主要国家数百个电视的实时直播。总之，全球化传播正在成为未来电视影像传播的一个重要发展趋势。

当然，我们在享受全球化节目传播带来的丰富内容的同时，也应看到全球化节目传播的局限性。电视内容带有其固有的文化属性，不同文化之间的交流存在着种种障碍，即使在技术层面具备了全球范围的传播能力，但其实际传播效果远远跟不上技术的变化。全球化不代表全球的统一，因为，一方面，文化的差异性吸引了人们对其他国家文化内容的关注；另一方面，这种差异性又阻碍了人们对跨文化影像内容的接受与认同，从而产生"文化折扣"的现象。

第二节 电视传播内容资源整合与重构的新形式

面对电视内容生产格局的变化，电视业需要做出相应的调整，摆脱依赖于电视广播网—用户电视终端的单一模式，回归内容生产方，整合内容资源，以全媒体传播平台为目标，为电视网、互联网以及移动网络提供共享的节目信息，发挥电视机构制作节目的一贯优势。

一、把握核心内容资源

相比个人用户上传的网络视频短片，电视台制作的节目显然更加精良，

---

① [美]大卫·克罗图、威廉·霍伊尼斯：《媒介·社会：产业、形象与受众》，邱凌译，北京大学出版社2009年版，第397页。

而这其中最具核心价值的部分为新闻报道类内容，包括新闻类、直播类、纪实类的节目。这类节目资源几乎是电视台独有的，可以说是其竞争核心资源，面对电视节目生产的多元化，回收阵地、坚守自身的优势资源是电视台最重要的发展策略。新闻报道类节目既是电视最具优势的部分，也是其吸引受众关注的关键所在，电视新闻的影像报道是对社会客观现实直观、形象化的反映，是受众主要的新闻信息来源。电视与电影类似，诞生初期的主要内容多是纪实性的，再现了社会现实，并且，在电视影像存储技术应用之前，电视节目几乎都是直播类的现场节目，对受众来说，电视带来的现实体验是其他媒介无法给予的。随着录像带的发明和应用，节目内容也相应扩展，除了纪实性新闻报道类节目外，电视剧集及娱乐节目逐渐在电视内容体系中占据主要部分，使电视原有的权威性和严肃性大大消解，这时的电视媒介更多地被视为大众娱乐消遣的工具。

如果从娱乐消遣性来看，如今，电视媒介受到网络视听新媒体的巨大冲击。网络视听新媒体具有更大的节目资源库，基于网络平台，其使用更加便捷，可以点播、快进、回退、重放、下载，娱乐功能更为全面，取代了电视的所有娱乐功能，而电视在娱乐化内容资源上却处于劣势地位，电视受众因此产生了分化，所以，电视内容的生产还是要把握纪实类节目。传统电视机构经过多年的发展，具备完善的内容采编队伍，有能力对大型新闻事件进行专业报道和深入发掘，其专业性不可替代。虽然网络视听新媒体发展迅速，但其核心功能体现为网络传播平台的娱乐功能，远不具备电视台的新闻报道和现场直播的能力。纪实类的节目，网络视听新媒体要依靠电视机构来提供，尤其是对重大公共事件的报道，电视媒介的报道依然是受众的首选。

二、合理分配频道资源

电视台及其频道资源是有限的，每个电视台的频道也是有限的，因此，频道资源的合理配置十分重要。而网络视听新媒体则不存在这个难题，网络平台没有频道的固有限制，无论是直播信号还是点播内容，几乎没有频道数量的上限，其内容资源显然要丰富许多。电视频道想要与网络视听新媒体竞争，就要以高质量的内容配置取胜，在频道资源配置上要体现出与网络视听新媒体的差异，除了保持以纪实性的新闻报道为核心内容外，还要加强精品栏目的建设。

以国内的卫星电视（以下简称"卫视"）为例，其频道资源的分配形成了相对固定的模式，即基本上由三部分组成：本台自制的新闻纪实类节目、与其他省台联合购买的热门剧集、本台自制或合作的综艺栏目。本台自制的新闻纪实类节目虽然普遍缺乏全国性的影响力，但在地域范围内往往拥有较稳定的收视群体，是潜在的优质资源。而联合购买的热门剧集多是与其他卫视共享，并在同一时段播出，这显然是浪费频道资源。虽然联合购买剧集成本较低，但其收视效果也相应较差，而这些热门剧集恰恰是网络视听新媒体的优势资源，因为用户几乎可以同步收看。影视剧与新闻不同，其本身没有时效性，用户无须收看直播的录制内容，并且在视听新媒体上收看内容还可以自由控制，因此，未来在对电视频道资源的配置中，热门影视剧的播出方式需要谨慎布局。另外，自制或合作的综艺栏目也是目前各卫视最重视的内容资源。各主要卫视均有主打的综艺节目，这些节目带动了其若干附加时段节目的收视率。这些自制的综艺节目往往具有独创性，利用电视台大型活动拍摄的组织优势，成为当前卫视的重点产品，以此形成的内容产业链成为很多卫视的主要收入来源。

三、共享视听新媒体的内容资源

如今，电视内容与网络视听新媒体的共享传播正在成为两者融合发展的主要路径。在传统电视传播中，广电网络是其主要渠道。在信息社会背景下，基于网络平台的传播正成为电视内容传播的另一个重要平台，这两个平台需要合理地共享内容资源的配置。

从电视机构来说，依托自身网站传播节目内容是最为直接的方式，大型电视台在数字化进程中首先选择了自建网络传播平台，当然，这些电视机构附属网站的规模和模式与新媒体网站的有所不同。大型电视台网站往往具有直播、点播等综合功能，构建大型内容数据库，能支持大量用户同时访问。不过，如此规模的电视台网站并不多，绝大多数电视台网站主要作为其播出内容的点播库，相比于商业化的视听新媒体网站，这些网站的功能和规模要差得多。当然，要求各个电视台都建立综合网络平台并不是明智的选择，就网络视频业的现实发展来看，一般用户的选择集中在少数大型的网络视听媒体，用户的选择更倾向于获得的丰富性和便捷性。在现实使用过程中，即使各个电视台都建立了相应的网络传播平台，用户也不可能经常访问数十个甚至上百个电视台的网站。就单个电视台的内容而言，虽具备一定的独创性，但也不足以形成对用户的持续吸引。大型网络视听新媒体的优势在于节目类型覆盖全面，并聚合了大量用户，同时，网络视频业也在不断整合或兼并，向着大型化、集中化的垄断式模式发展。这些都对电视台的网络平台提出了挑战，如何在激烈的商业网站竞争环境中生存于其来说是一个切实的问题。

据此，电视台依靠自建网站传播其节目内容并不是最佳的选择。对大多数电视机构来说，目前与网络视听新媒体共享内容资源才是最有效的利用内容资源的方式。通过与网络视听新媒体的合作，向后者提供自身独创的节目内容，可使自身的主打节目得到更广泛的传播。同时，网络的传播也会提高电视节目的受众关注度。虽然网络会分流部分受众，但收视率并不会明显降低，且综合来看，栏目内容的总体关注度反而会得到更多的提升，这对电视节目运营也起到积极作用。

当然，与网络视听新媒体的内容共享也包含对网络视频内容的吸收。利用电视频道固有的收视群体，选择网络上热门、优质的内容在电视上播出，不仅丰富了原有电视频道内容的配置，使其在总体内容关注度上与网络视听新媒体保持一致，具备对等的竞争力，而且网络传播的精品影像内容本身具有较高的关注度，在电视播出之前就具备较强的传播效应，这对在电视上的播出具有很好的预告和推动效果。因此，合理选择和共享网络视听新媒体的影像内容也是电视机构内容配置的重要举措。

第三节　电视传播内容资源整合与重构的新策略

近年来，得益于互联网与电视融合的推进，网络电视获得了迅猛发展，对网络电视内容传播来说，既是机遇，也是挑战，其挑战主要表现为质量把控难度高、内容同质化、政策限制、行业壁垒、侵权行为频发等。对此，我们建议采取以下相应的基本策略。

一、完善内容生产机制，提升网络电视自生力

网络电视的内容制作发行模式与传统电视不同，其呈现出前所未有的社会化、多屏化、平台化趋势。为此，网络电视应顺应时代的发展潮流，调整内容资源的生产方式与途径。在提升网络电视自生力方面，理应从三方面着力。

（一）整合内容资源

从 IPTV 到 OTT TV，国家层面一直强调的是可管可控，而最有效的途径就是播控平台的构建。平台的构建不仅要着眼当前的网络电视形式，更应顺应新媒体的发展趋势，面对各媒体的融合及多屏互动的播出要求，融合的播

控平台的地位更加突出。"面对海量的网络电视内容资源,融合平台需要厘清真正的优质核心内容,通过技术手段整合相关资源,进行定向传播。网络电视实际上是将其内容转化为不同形态,来适应各类终端的传输和播放需求。设置中央共享区,在共享区内搜索资源,自动将媒体数据库中的文件进行快速转码,发送至指定端口播出。"[①] 也如潘可武所说,"网络电视海量的内容资源通过标准格式的重新编目,成为数字化的、便于识别检索、可供多次开发利用的大数据,这些数据存在于云媒体平台中,便于共享和再加工"[②]。

(二) 重视优质内容的发现与推送

发现机制一直是网络电视发展过程中的一道难题,之所以这么说,是因为如今驱动网络发展的两大模式是搜索和通信(社交),这两种模式的代表谷歌(Google)和脸书(Facebook)就能够反映用户群体的基本行为状态。网络电视的模式则与这两种模式存在差异,而是和传统电视的模式一样,即人们观看电视往往是没有特定目的的,甚至是被动地接收电视台所提供的播出内容,也很少通过电视与朋友通信社交,他们习惯于在频道播出节目的过程中享受生活。

(三) 拓展增值业务

网络电视内容提供商在完成先导时期内容聚合再造的同时,应着眼于长期发展与盈利点的增值业务。增值业务包括增值类节目和增值类服务,是网络电视长期稳定发展的依托。增值业务的开发应当注意以下几点:"一是应当着眼于电视区别于其他媒体的声像优势,为用户带来更好的试听体验;二是充分发挥网络电视新媒体的超链接、共享性和社区化等用户追捧的特征;三是操作的便捷性,这是由网络电视遥控器操作和其面对的横跨各年龄层庞大用户群决定的。相信拥有电视与网络双重属性的增值业务,会焕发出新的活力。"[③]

---

① 王雅:《媒介融合环境下网络电视内容传播研究》,南京理工大学硕士学位论文,2016年。

② 潘可武:《大数据时代网络电视内容的重构》,《电视研究》,2014年第6期。

③ 王雅:《媒介融合环境下网络电视内容传播研究》,南京理工大学硕士学位论文,2016年。

二、注重用户体验，构建完善的内容传播生态链

（一）注重网络电视用户的体验

网络电视用户是信息的接受者，他们的体验与需求直接影响传播的效果。因此，网络电视要关注用户体验，满足用户的接受需求。"用户体验应成为网络电视内容的出发点，内容聚合与内容自制都是当下主流，模式选取的依据为用户体验的舒适性"①。

在谈到智能电视用户体验时，原青岛海信集团董事长周厚健曾说："我们在研究中发现，无论是年轻群体还是中老年人，回家后更愿意选择后仰（电视机观看方式）而非前俯（手机观看方式）。"② 由此可以看出，用户还是愿意选择电视端作为收视端：通过后台对用户信息进行反馈，操作方式简单将带给用户更愉悦的体验。类似这种用户行为的反馈，运用到网络电视内容传播的过程，无须改变用户原有的收视习惯，用户对网络电视内容的掌控就能够做到随心所欲，将为媒体构建完善的内容生态环境起到引导作用。

（二）提升用户活跃度

诺贝尔经济学奖获得者赫伯特·西蒙说，随着信息的发展，有价值的不再是信息，而是注意力。网络电视的内容传播应当重视注意力的巨大经济效益，通过对内容生态的构建，不断提升用户活跃度。网络电视的市场占有率不仅意味着庞大的用户规模，更重要的是拥有足够数量的活跃用户。用户活跃度的提升是对用户使用习惯的培养，同时也有利于提高大数据收集的准确性。如上海东方传媒集团有限公司、深圳广电集团等媒体都非常注重网络电视业务的发展，通过不断强化用户体验，提升用户活跃度，构建了良好的网络电视内容传播的生态环境。

（三）打造网络电视互动新模式

传统的电视媒体拥有较为固定的互动模式，包括信件互动、电话互动和采访互动。发展到数字电视阶段，加入了短信互动、网络互动和数字机顶盒

---

① 张意轩、王威：《网络电视引发"客厅争夺战"》，《人民日报》2015年7月2日。
② 腾讯科技：《智能电视破冰，用户体验是关键》2013-04-19，http://tech.huanqiu.com/view/2013-04/3848277.html。

互动，虽然形式更加多样，且增强了内容的同步性，但是用户的参与性基本停留在同一层面，并未产生更深层次的互动。随着网络电视的发展，以用户为核心的内容传播理念得到空前关注，加之技术手段的不断提升，使得媒体与用户之间的互动成为可能。

三、厘清规则界限，实现资源共享

（一）建立版权保护规则

国家广电总局对网络电视的管制一直是通过发牌照和发布规范来实现的。而近年突出的问题关涉互联网盒子。由于当前大多数盒子的安卓操作系统带有开放性，用户能够自行下载并安装第三方应用，从而获得了丰富的互联网视频资源。一旦国家广电总局下令禁止安装与使用这些软件，盒子的网络视频市场就会大大缩水而陷入困境。

当前网络电视内容播出存在的诸多乱象，不少是由于侵权行为导致的。版权保护迫在眉睫，而技术的创新与商业模式的创新都会不断带来新的挑战。例如，我们在追求共享的过程中，开发的技术与模式可能会对盗版产生助推的作用，这就需要用更新的技术与理念来杜绝新的盗版问题。

虽然网络电视的内容传播拥有广阔的市场，但若遭遇盗版侵权行为，其价值也会大打折扣。所以，建立严格而有效的版权保护规则，着力保护网络电视优质内容的知识产权非常必要。因为"只有知识产权最集中的媒体形态，才能够让企业和产业走入一条健康的发展路径"①。

（二）政策的开放与完善

国家政策对网络电视的监管从未放松，网络电视难以获取互联网的全部内容。政府相关部门负责人认为，电视内容上的可管可控，使大量互联网视频服务商被拒之门外。终端厂商必须同获得互联网电视集成牌照的机构合作，现在持有互联网电视牌照的运营商仅有七家。即便是苹果、谷歌这样拥有完整生态链的国际公司也只能在约束中小步快跑。网络电视的融合情况依赖于政策层面的开放程度，政府应当在政策层面上适当放开相关限制。

在我国，网络电视参与各方都有独立机构负责监管，而借鉴国外的媒介融合经验，这样的监管方式只适合网络电视发展的初始阶段。随着网络电视

---

① 龚宇：《版权对网络视频行业的意义和价值》，《传媒》，2014年第23期。

从内容融合到体系融合的不断深入，现有的监管结构已不适应产业的发展，相应的政策也应随之变化和不断完善。对此，可以从两方面入手："一方面完善网络电视的法律法规，让网络电视产业发展有法可依，可以扩展到媒介融合更广的领域；另一方面则是促成监管机构和体系的适度融合，设立媒介融合委员会，在同一个框架下设立不同方向的监管部门。这样，无论是产业发展还是政府监管都会更加便利，只有在约束中的开放才是适合网络电视发展环境的。"①

（三）推进"三网融合"，实现行业开放

我国电视行业开放实施的具体举措就是放开电视与网络的经营准入，推行"三网融合"策略。只有实现电视行业的开放，引入竞争机制，电视和互联网多方互利合作，才能促使网络电视得到快速发展。

综上所述，必须树立改革与公平竞争意识，早日打破行业壁垒，实现行业开放，只有这样，才能促使融媒环境下网络电视业的更大发展。

---

① 王雅：《媒介融合环境下网络电视内容传播研究》，南京理工大学硕士学位论文，2016年。

第二章　融媒时代电视传播平台与渠道的重构

媒介融合时代，大众媒介与传播平台及渠道在技术整合下出现了深层次融合。对电视传播来说，原有的广播信号传播平台也在发生变革，原本功能单一的电视传播网正朝着多媒介复合数据传播网的方向转变。传统电视平台在媒介融合时代获得了新的扩展，电视广播网、互联网及移动网络共同构成了电视传播的平台与渠道。从空间的覆盖能力看，互联网接入的覆盖范围已超过电视网络，电视网覆盖的绝大多数是固定家庭节点，而互联网的接入不但覆盖了家庭、办公场所，各类型的公共区域几乎都有互联网的接入节点。当然，从实际情况看，移动网络的覆盖面是最广的，有移动信号的地方就能接入网络；移动网络显然更具发展潜力。可以说，广电平台、网络平台及移动平台的融合将推动电视媒体迈向新的发展格局。

第一节　电视传播平台与网络平台的融合

随着信息技术的发展，原有电视传播平台也在发生转变，由传输单一的模拟视频音频信号向数字信号传输转换。传统电视信号传输是封闭在广电网络中的，在数字化过程中，这种封闭的传输渠道才得以转换为开放性的数据网络。媒介融合在电视传播上的表现就在于原有电视传播功能向多媒介综合信息内容传输转换，这一转换分多个阶段进行。

一、电视传播功能转换的阶段

（一）模拟信号平台向数字信号平台转换

模拟信号向数字信号转换是电视传播的基础革新，我国电视的数字化改造起步较晚，但发展很快，在城市电视网中，数字化的改造已经完成。电视信号的数字化涵盖了影像传播的整个链条：前端技术包括电视内容的数字化拍摄、编辑制作；平台技术包括数字化内容的资源库系统、演播系统；传输技术包括数字地面波、有线数字光缆的传输；终端技术包括数字机顶盒、智能接收终端等，这一系列的数字化改造带给电视传播新的发展空间，原先受限的电视频道资源得到极大扩充。传统电视频道占据特定的频率带宽传输，可供使用的频道少，且传输的节目质量低，传输渠道功能单一。相比之下，数字传输网络承载能力强，能有效地利用带宽提供更多的频道资源。利用数字化的优势，现在的有线电视数字系统一般都加载了数百个频道，并且利用数字信号传输的节目质量高，提升了原有电视影像的观赏性。

其次，电视传播数字化还有一层重要意义，即数字信号传输改变了模拟信号时代电视媒介单向传播的局限，使数字化后的电视传播具备了双向传输功能。数字电视系统具备基于节点的用户数据管理系统，能够提供用户点播、回放以及互动交流。利用数字传输系统，电视机构可以充分利用其内容资源库，提供实时播出系统之外更丰富的内容选择。基于有线数字网络平台，电视传播也充分借鉴了互联网视听新媒体的运行模式，媒介融合使大众媒介功能趋于统一，从而为用户提供一致的使用体验。

最后，数字化后的电视与其他媒介数字内容在技术的外在形式上达成一致。数字化技术将文字媒介、影像媒介统统转换生成同一系的数字格式，各种媒介信息在数字技术推动下进一步融合，这种融合同样带来传播平台及渠道的融合。数字化转换后的电视播出系统与互联网、移动数据网的接入更加便捷，便于电视影像内容在其他网络平台的传播。反之，其他大众媒介信息也可以借由电视的数字播出平台传输。以往电视系统只能播出固定形式的影像内容，而数字化后的平台能够传输文字、数据以及其他应用。总之，电视平台在媒介融合背景下成为综合性更强的数字信号平台。

（二）电视网向综合数据网转换

推进电视网、互联网和移动网"三网合一"符合技术发展的内在需求，是媒介融合的大势所趋。当然，这种融合不只是政策推动的行业融合，还是技术推动下的服务于数字信息传播的必然趋势。数字化技术统一了各媒介原有的信息形式，各种媒介内容数字化后都可以在同一平台传播。随着融合程度的加深，原有的不同网络系统都将具备传播各类型媒介数字内容的能力，现有的传播平台与渠道可以综合各类媒介内容，而用户则可以在单一网络平台实现原有各种媒介内容的综合使用。

电视网经过数字化改造后具备了传输复合数据的能力。从常规来看，电视网主要承载的是电视广播内容，而综合数据网则集合了电视、电影、文字信息等综合媒介内容。另外，所谓的数据服务也可以提供互联网接入，从而实现更多的网络应用功能。当然,电视网向综合数据网的转换是一个渐进的过程,目前以城市为主体的有线电视网已经规模完备,数字化的改造也基本完成,这些有线网已经在提供除电视内容外的更多信息,如影片点播、在线课堂、实时新闻等。在发达地区,有线电视网已经全面接入,有线网络同时能够提供数字电视信号和网络接入信号。总之,这成为电视网发展的一个重要方向,电视网将通过向综合数据网转换,实现全媒体覆盖。

对于当前的电视业来说,网络视听新媒体带来的影响是极为显著的,网络平台具备强大的整合能力,电视传播也被融入网络平台,网络媒介具备超越以往各种传统媒介的优势。随着媒介技术的发展,也许会出现更为先进的媒介形态。但就近些年的发展看,网络媒介在未来较长一段时间内无疑仍将处于领先地位。电视传播平台与网络平台的融合将为电视传播带来新的发展机遇,利用多平台传播带来的扩展优势,未来电视也需要探索适应其平台的内容生产模式。

(三) 电视传播渠道由封闭走向开放

传统的电视传播过去一直是通过单向传播渠道进行一次性生产,点对面地进行单向传播。从节目生产端到播出端其实都是一个单向的封闭系统,而如今的电视传播越来越趋向下行和上行通道的双向放开,不仅在内容方面可以集成互联网内容、报纸内容、广播内容和用户生成内容(UGC),还可以在功能方面嵌入教育、娱乐、商务、医疗、社交等模块,在接入端可与摄像机、数码相机、手机、平板电脑和其他终端相连,在播出端亦可对接除了家庭电视机之外的其他屏幕。因而,从之前的"单一渠道采集—封闭式制作—单一终端"到现在的"多媒体采集—共平台生产—多渠道分发",电视实质上已经变为一个可以集成各种媒体业务的"开放平台"。

这种进化的路径在反映电视技术走向开放的同时,更表现出了电视传播汲取了"开放"的精神和理念。在信息时代,电视传播只有采取开放、融合的姿态,才能更好地整合媒体资源,并促进自身的技术进步与转型。

二、平台融合给电视带来的发展机遇

电视传播平台与网络平台的融合为电视内容的传播提供了更具前景的多平台发展机遇,网络平台有效地补充了电视平台的缺陷,并提供了电视传播未能实现的更大范围的传播。

（一）网络平台提供了无上限的频道设置

传统电视台受限于频道资源，能够容纳的节目数量有限，即使节目资源丰富，但频道资源限制也会成为其发展的瓶颈。这方面典型的案例就是奥运会体育直播对频道资源的挑战。大型运动会中竞技项目集中，往往同时需要多路直播信号，仅有专业体育频道是远远不够的。中央电视台直播奥运会时，同时借用几个普通频道共同参与了转播信号的播出，这是频道资源不足造成的。就体育转播来说，时效性是首要的，受众收看主要是为了体验直播带来的竞技赛场临场感，因此，借用多频道共同报道是其必然选择。然而，还是有很多项目没有被安排直播，因为频道资源不足，电视机构不得不有选择地放弃一部分受众。而网络平台的应用解决了频道资源不足的难题，它没有频道数量上限，只要有技术及带宽支撑，便可以无限扩展播出频道。2008年北京奥运会时，中央电视台仅能在以前的央视网提供直播信号，而到2012年伦敦奥运会时，中央网络电视台的直播已经能覆盖所有赛事项目，其综合传播效果经由网络平台扩展而达到了最大化。

（二）网络平台提供点播机制

由于电视节目按照编排顺序播出，无法回放，且频道资源有限，即使是受关注程度高的节目，也不能反复安排重播而挤占频道资源。以往，电视受众收看电视节目显然缺乏主动性，而网络平台恰恰解决了这一问题，网络的数据存储功能能保存，并提供更多过往的节目供受众随时收看。另外，得益于网络检索点播等相关功能，受众在网络平台收看节目比在电视上收看更加便捷，对错过观看时段的受众，网络平台也提供了任意时段收看感兴趣节目的渠道。综合来说，网络平台播出带来的种种进步，对原有电视平台起到了巨大的推动作用，甚至有取而代之的趋势。

三、平台融合下电视生产的对应策略

面对电视传播平台与网络传播平台融合带来的多平台发展趋势，电视媒体需要有针对性地创建电视影像生产及传播的创新模式。

（一）重视电视在网络平台的二次传播

电视内容在电视网播出针对的是特定时段收视人群，而影像内容经由网络平台二次传播则可以进一步扩展潜在收视群体，吸引更多用户。尤其是电视台知名度高、关注度高的节目,在网络平台的二次传播往往能受到更大关注,获得更好的传播效果。反过来,网络平台的扩散效应也为这些热门栏目后续在电视平台播出产生很好的预热效果,运作良好的跨平台传播模式往往能促使电视形成对收视关注的持续推动。

(二) 利用网络平台扩展播出渠道

如上文所述,网络平台突破了原有电视频道资源的限制,使更多节目得以播出,对网络频道带来的扩展,如何合理利用是关键。网络频道不受限制的特点,也有不利的一面,即负面效应,网络视频内容极为丰富,受众在众多影像内容中需要不断地选择。相比之下,电视频道数量有限,受众面对的频道只有几十个,选择起来很容易。因此,虽然利用网络平台可以设置更多电视内容进行播放,但想要吸引受众关注,在内容资源使用上需要采取少而精的配置策略。其重点要放在具备独创性价值的影像内容上,例如体育直播信号、电视台独有的影像资源以及小众化节目内容等。以小众化节目内容为例,这是网络平台得以发展的特殊案例,用长尾理论分析,小众化影像内容汇集到一起,从总体上也能受到很大的关注。对电视台来说,小众化节目很难被安排到电视频道的节目播出序列中,而网络平台则能提供解决这一需求的渠道。

电视最终面对的是受众,根据自身节目类型,每个电视台都形成了相对固定的收视群体,而电视内容制作也逐渐向这些固定收视群体倾斜,即为迎合固定受众群体的收视喜好来安排节目。而电视在网络平台的传播情况则大不相同,网络受众群体与传统电视受众群体并不完全一致,电视机构在安排网络平台内容时要考虑这种差异,不能依照原有固定群体的特征来定义网络受众,而要重新研究网络平台的目标受众,合理配置相关影像内容,采取对应的传播方式,从媒介融合的整体思维上思考如何吸引新受众,以达到更加有效的传播。

第二节 互动关系下电视传播的场景化

从互动关系的角度总结电视各阶段的发展变化,我们可以发现,电视的媒介场景呈现出由单一到多元、由线性到分散,再到更加人性化、具有仪式感的进化特征。电视作为重要的视觉传播媒介,其媒介特征决定了电视在未来媒介环境中的角色和作用,也从一个侧面反映出未来媒介的生态特征的发

第二章　融媒时代电视传播平台与渠道的重构

展趋势与变化。

一、仪式场景的媒介化再现

人们对媒介信息需求的变化，就像媒介研究中的"传递观"与"仪式观"，在信息匮乏的年代，人们更加注重信息的传递，而在信息爆炸的年代，人们更加注重信息获得的体验性、信息服务的生态性和互动性，更加注重信息获得的仪式感。在这一发展变化过程中，电视媒介也更加注重内容的仪式感，未来场景时代将会出现越来越多以仪式感为导向、服务于不同媒介场景的电视内容产品。

被誉为美国文化研究最杰出代表的传播学者詹姆斯·凯瑞将传播理念分为"传播的传递观"和"传播的仪式观"，这种区分是为了抵御以控制空间和人为目的，夸大更远、更快地发布、传送、散布信息的功利化的研究，也就是凯瑞所说的"传播的传递观"。而"传播的仪式观"不是指信息在空间的传播扩散，而是指时间上对一个社会的维护；不是共享信息的行为，而是共享信仰的表征。凯瑞的"传播的仪式观可以说是一种隐喻或者视角，以此推演出一种阐释性、文化研究的体系，将作为文化内核的仪式放于传播的理论假设，从宏观及本质层面探索传播的意义"[①]。学术研究与行业发展相辅相成，随着媒介人性化发展趋势越来越明显，对公共领域、社会建构的影响越来越深入，凯瑞的"传播的仪式观"显现出跨时代的魅力与价值。在"传播的传递观"的研究范式下，局限于对传播效果和功能的研究已经很难解释互联网时代复杂的媒介系统及其带来的深刻社会影响，将对传播的研究根植于社会的、文化的、交流的本源，能够进一步认清媒介发展的规律，进而促进媒介的社会化发展。

例如，观众积极参与的"摇一摇、抢红包"成为春节联欢晚会（以下简称"春晚"）的前所未有的互动模式。这一新鲜有趣的方式为春晚博取了眼球，电视与微信"摇一摇"功能的结合最早在 2014 年湖北卫视的《如果爱》栏目使用，观众可以通过"摇一摇"识别节目内容，参与互动环节，并获得奖品。之后，微信团队与多家电视台合作，推出了实时节目单、上传全家福、抢红包等多种互动性服务。2015 年，央视春晚与微信"摇一摇"合作的抢红包环节大获成功。传统媒体与新媒体擦出新的融合火花，电视借

---

① 樊水科：《从"传播的仪式观"到"仪式传播"：詹姆斯·凯瑞如何被误读》，《国际新闻界》，2011 年第 11 期。

助新媒体平台与观众互动，这成为此届春晚与以往历届春晚不同，而最大的不同之处是许多地方频道将"摇一摇"设置为固定互动环节，当电视屏幕上出现"摇一摇"的标志时，参与者即可得到能够兑换奖品的虚拟金币，或者直接参与抽奖等。2015年中央电视台新闻频道的《两会解码》栏目，电视与手机通过"摇一摇"绑定，形成跨屏的实时互动。微信"摇一摇"对电视互动的影响不仅体现为增强了电视与观众的互动，更体现为对收视率获取方式的改变、对广告投资渠道的改变以及第一次实现了网络与电视在电视大屏上的融合行为。在经历了以社交互动这种"场外救援"式为主的电视互动方式后，电视互动回归电视机本体，增强了互动辅助媒介与电视本体的黏性。"摇一摇"以社交功能为起点，许多学者将这一互动方式视为电视社交化互动方式之一，这种模式已经不再局限于社交性互动层面，而是发展成为一种以电视为主体之一的多媒介融合联动。

"抢红包能成为大范围共享的社会符号，是在于在情感上具有能动性的个体在固定的情境中重复进行着某种仪式——拜年"[①]。仪式是人类发展历史中最古老、最普及的一种社会文化现象，仪式行为是一种超常态行为，不同于人们日常生活状态。也就是说，"日常生活行为每天都在发生，而仪式行为只是偶然或定期举行；就行为目的而言，前者是为了基本生理需求（如衣、食、住、行）而进行的实用性行为，后者并非具有生活实用价值，而是表达某种精神价值（如信仰、社交）的行为"[②]。在电视和微信的联手作用下，这种仪式的形成不需要身体的聚集。当参与者不断增强这种仪式的传播，并投入极大的热情关注时，他们在这一互动中实现了真实的情感交换，融入了电视与微信互动带来的"社会仪式"中，成为积极的共享者、参与者。仪式是人类行为的产物，是最古老的互动场，人们聚集、共同活动形成仪式，并体验仪式，从仪式中找到某种精神的归属。将仪式运用到电视与微信互动中，进一步增强了电视与微信互动的参与感与体验感，进一步深入用户的精神需求层面。在用户的时间、兴趣和关系被日渐解构的移动互联网时代，互动场景是媒体融合转型中的切入点，以"抢红包"为形式的仪式在电视互动发展中作为一种崭新的互动场景而出现，成为电视互动从以社交互动为主要互动方式向生态互动发展的转折与过渡。

---

① 谭天、张冰冰：《"互联网+电视"的场景构建》，《视听界》，2015年第3期。
② 薛艺兵：《对仪式现象的人类学解释（上）》，《广西民族研究》，2003年第2期。

二、"生态化"的互动场

在互联网时代,"生态"成为描述媒介发展的一个非常流行的词语,这一方面是由于社会整体对生态概念的挖掘,另一方面也缘于技术发展给媒介带来的强大的生命力,使媒介的人性特征越来越突出。"生态"自然成为符合媒介发展特征、态势、模式、系统的对媒介现状所做出的最贴切描述。"媒介的演进一直是人类需求的不断延伸,合理的媒介体系与结构必然逐步趋向满足人的最大化合理性需求"[1]。以人性化理论来思考媒介发展,可以发现,复刻完整的人性化媒介生态是媒介发展的必然趋势。莱文森进一步提出的媒介进化的"小生境"原理显示,"媒介和前技术传播模式里的某种要素对应时,就能够存活;媒介进化似乎有会聚的趋势、合作的媒介各自履行延伸和复制的任务,会聚成单一且复杂的技术是媒介发展的天性;这些合成的媒介复制真实世界的能力日益增加,最后成为统一、多面的系统"[2]。媒介的发展将无限趋近于与前技术传播模式中人类的环境系统相对应的媒介生态系统;电视是广播的影像化,媒介再现现实的能力是媒介存活的基本要求,而媒介的生命力则源于新媒体比传统媒介更加延伸的跨越时空的能力。网络视频实际上是扩展了电视媒体的时空穿透力,从转瞬即逝的即时性单向沟通,发展为没有时间、地点限制的群对点的沟通。越先进的媒介越能表现出会聚的趋势,而会聚型平台的搭建是媒介会聚发展的呈现形式,是一种能够进一步复刻人类现实环境的媒介生态系统,是符合媒介发展规律的融合发展路径。

从上文梳理的电视的发展过程不难看出,电视的"人性化"特征在逐渐增强,从单一的内容服务,到复杂的操作系统,电视已经成为一种兼具多重功能的会聚型复杂媒介。从单向性的传播,到与受众关系的建构、与用户的社交互动的实现,再到电视媒介互动的宽度与深度的挖掘,实现更多场景化服务的可能,电视逐渐满足了人的进化需求,展现了人性化的进化过程。而电视的最大突破性发展,并不在于外在变化本身,而在于电视媒介开发者、经营者观念的变化,从人性化的视角去思考电视媒介的发展方向,这既符合媒介发展的原理,又符合用户需求,也将带来更具吸引力的新电视

---

[1] 王长潇、李爽、耿绍宝:《视频媒体会聚型融合平台的发展模式》,《当代传播》,2016年第4期。

[2] [美]保罗·莱文森:《莱文森精粹》,何道宽编译,中国人民大学出版社2007年版,第38页。

媒介。

从整体来看,电视文化意义建立于电视语言基础之上,符号则是文化意义表现构成的必经之路,不同的文化具有不同的符号逻辑系统。以此类推,视觉文化时代的到来,正是源于电视这一视觉符号媒介的发展。进一步来看,电视作为能够同时延伸视觉和听觉的媒介,人类的"心理感知地图"在更大程度上被它左右。"电视语言将整个地球的样貌展现在观众眼前,促进了不同种族人群的相同或相近的文化关注,形成同属文化地缘"①。在视觉和听觉延伸中,人逐渐形成感知信息的习惯,从而影响人的思维。在视网互动与视网融合的共生进程中,互动与融合将合流推进电视媒介形态和模式的改变与进化,构成一个不断扩大的、复杂的自适应系统。电视则将在这种不断扩大的复杂化的适应过程中,以其重要的地位以及先天技术、场景优势,最先演进为全新场景型媒介,并进一步发挥对人类思维的影响作用。碎片化、便捷的呈现,使具象符号更加强势,而抽象能力与线性逻辑思维能力将被限制。

网络空间使得每个人都具备了随时可以更换的虚拟身份,从直观层面考察这一现象,可以认为人们离自由更近了一步,快捷、直接、去中心化、即时的互联网特征,让时间的无限制性和空间的流动性得以实现。人们行为的发生无须通过逻辑推演,其思维与时间每时每刻都可以被打断、被嫁接、被截取。人们观看电视的行为也将受到类似的影响,电视的丰富应用,使得受众在观看的过程中可以根据自己的需求随时跳脱出来处理其他事情,诸如缴费、游戏、购物,完结后再继续观看节目,而且点播、回看等功能也会让你不错过任何精彩内容。随着人类同步使用多种媒介的能力不断增强,碎片化的媒介行为方式使得人们的耐心和注意力持续性下降,在这一过程中,线性的逻辑思维模式被阻隔,人们的时间、空间被割裂后,思维也随之变得碎片化,更倾向于用最直观的方式理解这个世界,去使用媒介。

三、去中心化的多元场景

传播媒介的互动、叠加和融合,使得人体能力得到巨大的延展,进而扩展了传播的时间性和空间性,产生前所未有的传播效果。复杂的媒介系统释放用户的时间与空间以及对新闻和信息的追求同样是即时、随地和大量的。

---

① 刘川郁:《电视文化特征的符号学审思》,《西南民族大学学报(人文社科版)》,2011年第3期。

第二章 融媒时代电视传播平台与渠道的重构

"媒介提供的信息服务应该像百货中心一样,更加便捷、集中、全面"①。电视的发展从单向关系走向双向关系、多维关系和多场关系,电视的中心化地位逐渐削弱和瓦解,而重新建构了一个新的电视传播系统,并最大化地融合各媒介场景、生活场景。无论是传统媒体还是新媒体,只有电视具备这一融合的先天优势,能够最快实现媒介的融合、场景的融合,给受众带来新的媒介生态环境体验。

随着互联网时代的到来,网络的开放、互动和民主特征,使得受众在原有传受关系中的弱势地位得到改善,并开始重寻批判原则,特别是在新媒体技术高速发展的现阶段,原来只是接收信息的人更倾向于做"双向度的人",而传播者与接收者之间的互动是培育"双向度的人"的重中之重。"双向度的人"形成的必要条件是形成有效的发出、到达、反馈机制,信息接收者善于提出质疑,具有批判意识,在新闻实践、社会实践中发声是成为"双向度的人"的必备条件。电视传播的单向性使得受众不能够即时有效地反馈,而网络媒体则凭借双向交互的优势为用户反馈提供了通畅的渠道,利用双向传播的优势构建信息流通平台,突破了电视媒体传播的局限性,使得节目互动内容在时间层面和空间层面都得到了极大的拓展。"大众可以对电视内容和社会文化进行探讨议论,增强社会关注,且可及时反馈到电视媒体内容的策划生产中去,是电视与网络有机嫁接的有益成果"②。电视的去中心化发展,促进受众向"双向度的人"过渡。

所有的符号和媒介,如同现实中的人,都不是十全十美的,都有自身的优势和劣势,并且在意义建构、文化传播的实践中表露无遗。为了扬长补短,人类不断创造各种不同的符号和媒介使自己各个方面得以延伸,更好地进行社会实践和传播活动,因此,"符号系统和媒介系统是复杂多元的,且各媒介之间是相互补充协调的,才能够丰富文化的多样性"③。媒介技术的发展带来的优势即从单一向多元的裂变,电视媒体在与新媒体的融合发展中,已经由单一功能、单一的场景媒介发展成为多功能、多场景的融合媒介。

---

① 曹慎慎:《互动与融合:全球化视野下的中国电视与网络媒体》,中国社会科学出版社 2015 年版,第 68 页。
② 曹慎慎:《互动与融合:全球化视野下的中国电视与网络媒体》,中国社会科学出版社 2015 年版,第 68 页。
③ 刘川郁:《电视文化特征的符号学审思》,《西南民族大学学报(人文社科版)》,2011 年第 3 期。

互联网媒体基于互联网技术建立的网络传播模式是开放的与具有对话性的，进而成为一个极具包容性和多元化的媒介平台。"原来的广大受众受惠于互联网有了话语权，成为传播者，媒介的双向性被打开；媒体的参与性与互动性空前发展，传受关系从单向传播变成多方对话"①。在此情况下，电视媒体也在技术洪流中从单向关系走向多场景关系，并伴随着内容、渠道的丰富，生产者实现从单一到多元化的全生产链的裂变。随之而来的是传统电视时代的客厅文化的解构，电视对人的聚拢作用不再是其存在的绝对优势与主导因素。值得注意的是，原有的客厅文化被解构，但并非消失。有解构就有相应的建构，不破不立，电视成为一种集体化与私人化共存的媒介，既是聚合的，又是离散的，是可实现离散与聚合双重功能的场域。电视媒体在与新媒体的融合发展中建构了一种新型的客厅文化，即一个兼具家庭性、私人性、社交性、社会性于一体的场域。

第三节 电视传播向移动网络的扩展

移动网络是继互联网之后又一个高速发展的领域。移动网络用户数量在近几年呈现高速增长态势，同时，对移动网络的使用也越来越多样化，从简单的网页浏览、阅读新闻，到基于手机应用程序的多元应用，移动视频的应用正成为主流。未来电视传播向移动网络的延伸具备很好的应用前景和用户基础，分析电视传播在移动网络的扩展，可以看到截然相反的两极情况：一方面，利用移动网络传播极具发展潜力和优势；另一方面，其面临巨大困境，在移动平台传播电视内容需要相关技术方面有更大的突破。

一、移动网络为电视传播带来新特性

移动网络彻底打破了电视传播模式中地域空间的限制，原有的电视传播在移动网络平台中被赋予了更多新的特性。

（一）地域空间局限消失

移动网络信号几乎覆盖了整个人类活动范围，所有覆盖了移动网络信号的地区都可以有条件接入数据网络收看电视节目。地域范围经由移动网络有

---

① 曹慎慎：《互动与融合：全球化视野下的中国电视与网络媒体》，中国社会科学出版社2015年版，第97～98页。

了极大扩展，以前收看电视总是局限于特定的地点，一旦离开摆放电视的特定空间，电视就无法使用。移动网络带来的地域突破类似于移动电话对固定电话的地域间突破。

（二）使用不再受地域的限制

移动网络下，通过个人便携式多媒体终端，网络接入便捷，电视真正成为伴随性媒介。对电视影像的接收可以随时随地进行，毕竟手机等移动终端本身就是人们日常生活中相伴随的媒介终端。这种伴随性的扩展，使得影像内容的传播变得更加灵活，也使得用户对电视影像内容的消费更加频繁。

（三）应用空间加大

以手机为代表的移动个人终端具备互联网使用所不具备的特性，即移动运营商对移动终端的识别借助于身份登记、机器码识别等技术，往往具备完善的用户管理系统，这个系统可以完成定制、支付等有更高安全性要求的应用。利用移动网络用户管理系统，电视机构可以进行用户认证、注册及影像内容的订购支付等，所以，未来电视影像在移动平台上将有更多的应用空间，移动平台将成为电视机构发展必不可少的领域。

（四）电视传播方式由单一走向融合

电视提供的业务，最初是直播，与录像机结合后，融合电影或其他艺术，进行定播；开发图文电视，为部分失聪者提供服务。进入网络时代，电视向用户提供直播、点播、回看，提供来自互联网和广播、报纸的一切内容，提供音视频内容的分享与下载，提供互动游戏、互助社区等融合业务，甚至提供远程教育、远程医疗、网上银行等各类增值业务。因此，从这一角度来说，今天的电视已经在内涵上发生了颠覆性的改变，尽管它还叫作电视，依然摆放在客厅的重要位置，但实质上已经是家庭综合型的媒介终端。

电视机功能的这些变化是电视台业务转型带来的直接后果。近年来，世界著名的广播电视机构纷纷从传统电视业务向全媒体业务转型，逐步形成了网络传输、内容供给、终端接收和用户消费的完整的产业链，呈现出多元业务齐头并进的格局。全媒体融合业务的开展，意味着电视台在内容集成方面注重多渠道来源，在网络服务和终端产品上兼收并蓄，在盈利模式上向纵深开拓。业务方式的变化归根结底反映了电视台从内容到产品、从受众到用户、从宣传到服务的转型。

二、移动网络影像传播面临的挑战

目前，国内5G移动网络发展速度正在加快。之所以强调移动网络技术进步的重要性，是因为电视内容通过移动网络传播面对的首要挑战就是技术环境的不成熟。

国内主流移动网络接入速度低，无法保障电视内容流畅播出。目前的4G网络实际网络接入速度达不到影像流畅播出的带宽要求，使用时受地域差别、信号强度及终端性能等多种因素影响，其实际速率要低很多，但足够网络视频、手机电视等多媒体的使用。然而，想要流畅地观看高清晰度的视频内容，就需要使用5G网络。5G的速率能达到主流互联网有线宽带的接入水平，足以支持各种高清节目的传输。当然，5G网络还处于试验阶段，距离商业应用和普及还有一段时间。

除了带宽限制，即使移动网络能够流畅播放电视影像内容，电视影像通过网络的传播还要面对另外一个严峻挑战，即移动网络的高昂资费。与普通电视网络、宽带互联网接入不同，移动数据网络目前运营成本较高，其流量使用需要支付远远高于普通宽带网络的费用。收看电视本身是很耗流量的网络应用行为，也就是说，用户在移动网络收看电视的同时要负担高额的流量费用，于是，免费的电视节目一般被附加了相当高的收看成本，对用户来说，这显然是很难接受的。通过多平台的比较，用户很容易就可以发现收看电视的成本差异：有线收视费用很低，借助电视网的收看成本最小；通过互联网接入也需要一定的接入费用，一般在可承受的范围内，虽然比电视网络高出一些，但因为网络应用多样，分摊成本并不明显。这样的对比结果很难让用户选择通过移动网络收看电视节目。

另外，于移动网络收看电视节目还存在终端的限制。电视内容的观看体验与屏幕大小关系密切，早期手机屏幕小、分辨率低，导致视频播放效果很差。为了适应用户使用影像化信息的需求，手机等移动终端正向大屏化的方向发展，从4.5～5英寸到6～6.5英寸，甚至更大，同时，主流机型多数也在6英寸以上。大屏化的发展确实为通过手机收看电视节目提供了很好的使用体验，但也带来了明显的负面效应，大屏幕和影音播放使手机耗电量大，待机时间短，对移动终端来说，待机时间是关键指标。尤其是手机，它除了提供影像娱乐外，还有重要的通信功能，这更需要有较长的待机时间做保障。因此，终端硬件的功能指标限制了用户移动收看节目电视，这一问题有待于5G技术的全面普及予以解决。

第三章　融媒时代电视传播终端智能化与移动化的重构

融媒时代，大众媒介发展的基本格局发生了很大改变。基于互联网、移动网络的新媒体发展迅速，在网络这个大平台上，每一种产品及其应用几乎都可以视为一种新媒介，因此，大众媒介的数量快速增长。原有的大众媒介只有几种，且稳定存在了很长一段时间，然而，数字新媒体扩大了原有大众媒介的阵营，且这一增长趋势还在持续，数字媒介的发展大大刺激了传统媒介的发展。由此，原本相对稳定的电视传播也随之需要相应革新，就电视传播的终端发展来说，它突出了两方面的特点：一是智能化向全媒体终端靠拢，二是移动化向无时空限制的伴随媒介发展。

第一节　智能化开辟电视传播的新格局

伴随着媒介融合的发展，数字化将各种媒介的信息传播置于同一个系统中，相比过去各类媒介分离使用的情况，终端的发展朝着全媒体信息接收与使用的方向发展。在传统电视传播过程中，电视机是其专有的终端系统，这个终端系统封闭性很强，其他媒介很少与之发生关联。封闭性也导致电视终端系统发展相对迟缓，电视终端的基本样式与功能几十年来没有发生大的革新。而在媒介融合背景下，受众的媒介使用倾向于集成在唯一的终端平台上，电视终端的智能化正适应了这一趋势，智能化接收终端将为电视传播发展开辟新的格局。

一、传统电视机的智能革新

传统电视机功能单一，尤其在模拟电视时代，电视很少能承载其他功能。随着数字电视时代的到来，为了处理数字信号，开发了电视机内置智能处理系统，这些系统类似于微型计算机，只不过它们是由几个主要功能芯片构成的，内嵌在机器内部，缺乏扩展应用的能力。电视信号数字化的同时，显示器技术也发生了重要革新，传统 CRT 显示器很快被 LED 液晶显示器所取代。LED 是全数字的显示模式，符合数字传播链的整体要求。

促使电视终端智能化的第一个推动力来自影音文件数字化。早期的声音、影像都是以模拟方式存储，如存储图像的胶卷、存储声音的磁带以及存储影像的录像带等。早期各种模拟介质虽然制作和使用原理不同，但其内容复制功能都具有局限性，如基于模拟方式存储的信息很难被复制，且每次复制都会产生信息损耗，而基于模拟介质的媒介内容也很难二次传播。上述种种缺陷在媒介信息数字化后得以克服。基于数字格式的文字、图片、声音及影像，其核心的编码系统都是以 0、1 为基础，虽然这些媒介内容不同，但都可以归入同一处理平台。数字格式的影音文件很快成为主流，它脱离了原有物理介质，可以方便地被存储、复制及传播。以 CD 音乐为例，MP3 等数字音频格式文件的流行迅速改变了整个唱片行业，用户转向容量更大、播放更加方便的小型数字随身听，CD 几乎被彻底抛弃，原有 CD 产业很快因此而萎缩。当然，几乎所有的智能终端包括电脑、智能手机等，都可以支持这种数字音乐格式。与音乐文件的情况类似，影像的数字化也成了主流，原有的录像带、录像机被淘汰，人们录制和传播影像主要通过各种数字格式。数字影像文件的广泛使用，也受到电视终端制造商的重视。近几年，电视机普遍具有播放图片、音乐及影像文件的能力，电视终端由此向智能化迈出了关键的一步。

然而，促使电视终端真正智能化的是网络视听新媒体的兴起。大众文化视野中的电视影像被认为主要服务于受众的娱乐需求，电视并不是必需品，其影像传播的功能在网络时代很快有了很多替代品。尤其是在经常使用网络的用户那里，电视传播功能更是很快被网络视听新媒体所取代，后者正成为越来越多用户的首选影像媒介。电视机因为无法提供基于网络的影像传播而被搁置，当前的电视终端正向智能化网络电视发展。真正的智能电视，其终端首先需要具备网络接入功能，使电视终端的应用能从电视网扩展到互联网更多的应用上，这是基本条件。其次需要具备智能操作系统，这是核心问题。除了电视厂商自己开发智能系统外，目前也有更加稳定成熟的系统可以选择，如主流的安卓系统。安卓系统由谷歌开发，属于开放源代码操作系统，被广泛用于智能手机、平板电脑，其特点是系统资源占用少，适合小型智能系统使用，由于其源代码开放，适合厂商根据自身硬件系统进行个性化定制。

另外，安卓系统经过一段时间的发展，已经成为目前智能系统装载量最大的操作系统，安卓应用市场也十分成熟，可以为用户提供更加丰富的扩展应用。有了成熟的智能系统，电视的智能化变得很容易，加载智能系统后的电视能够胜任更加复杂的应用。借助宽带网络，电视具备了与电脑类似的功能，主要的网络应用也可以在电视上进行，网络视听新媒体的使用也可以转移到电视终端上，电视终端具备了在同一终端观赏传统电视影像和视听新媒体影像的功能。对受众而言，其观看影像的多种行为融为了一体。当然，这样的结果显然对传统电视节目的收视提出了挑战，原本电视影像和网络视听新媒体的竞争主要存在于两大屏幕：电视屏幕和电脑屏幕，如今，电视智能化使这两大屏幕合为一体，电视和视听新媒体形成了同一终端的竞争。据此，对电视业来说，面对电视终端智能化带来的新挑战，需要转变固守仅靠广电网传播内容的习惯做法，要用多平台进行传播，考虑到将来在终端上的争夺，应重点支持和发展互联网的影像内容传播，力争在网络渠道上布局丰富的节目资源，以吸引传统电视的受众。

二、机顶盒的智能化扩展

与电视终端本身的智能化同步进行的还有其附属设备的智能化，这其中主要包括有线机顶盒、智能电视盒等。电视的附属设备发展也更加多样化，由于机顶盒并不限制电视机型，所以市场更大，也有更多制造商参与进来。

机顶盒主要分成两种类型，一种是常见的用于接收有线电视信号的机顶盒，一般由有线电视公司定制，属于专门系统。伴随着高清数字电视的推广，其对机顶盒的配置要求也相应提高，高清机顶盒一般已经装载了具备一定处理能力的智能系统，以保证有线电视系统的稳定性。有线电视机顶盒系统一般是固化的，不可扩展和调整，其功能特定。随着"三网融合"的推进，有线广播网在近几年将全面接入互联网，届时有线机顶盒也将相应地增加网络应用功能，其智能系统也将因此开放。当然，智能机顶盒功能已经得到了扩展，发达城市和地区的有线电视机顶盒往往具备点播、节目追溯、信息浏览以及订购、缴费等更为复杂的功能，一旦有线网与互联网合并，还会扩展更多功能。还有一种类型，也可以称为机顶盒或者智能电视盒。之所以用"盒"命名，是因为这些设备都具有小型化的特征，但其软硬件性能却能和普通计算机系统媲美，能够胜任大多数的网络应用。对电视终端功能的扩展尝试，很早就在用户中开始，智能电视盒还未兴起时，一些用户就已经开始用普通台式机或者更小巧的台式机主机来连接电视，为电视搭建电脑应用平台。毕竟液晶电视面板与普通电脑显示器面板是一样的，其区别只是电视多了调频信号输入的模块，因此，将电视屏幕连入电脑主机后，和普通的电脑没有什么不同，其优势就是液晶电视屏幕要大很多，影像欣赏体验要好很多。同时，电脑系统也有一定的缺陷：没有为电视观赏习惯做系统优化，借助电视屏幕远距离操作电脑系统很不方便，比起遥控器、鼠标和键盘的操作，无法享受到娱乐体验应有的轻松感。正是由于这一原因，电脑主机这种连接方式并没有得到广泛的推广。对一种终端系统来说，相比于高性能，用户的使用体验具有决定性。

当前正在成为未来智能终端发展热点的智能电视盒，解决的就是使用体验上的问题。一方面，智能电视盒采用优化过的专门系统，如苹果 TV 的 iOS 系统、谷歌 TV 的安卓系统。如上文所述，安卓系统开放源代码具有很强的平台适应能力，大多数厂商推出的智能电视盒几乎都是装载安卓系统，如国内的乐视盒子、小米盒子等，这些智能系统为了在电视上使用还做了专门的优化，使用界面相对简单直接。另外，考虑到远程操作的便利性，一般都配备了专门的遥控器，使用体验上更接近普通电视，可以方便地进行相关应用的操作。

相比原有电视系统，附加的智能电视盒扩展了原有使用模式。一方面，利用智能电视盒，可以使电视终端方便接入网络视听新媒体，使影像传播得到全面扩展；另一方面，智能电视盒一般会内嵌相关网络应用，如苹果 TV 系统内嵌的油管（YouTube）、奈飞（Netflix）、葫芦（Hulu）及 iTunes 应用等，可以方便用户使用在线影音的收看、点播功能，提供给用户快捷的收看体验，同时搭建了网络点播收费的平台。国内企业也在重点开发智能电视盒，如乐视盒子与乐视网相关联，通过其智能终端可以更加方便地接入其视频网站，形成了类似于电视台的播出模式。

由于采用了智能系统，电视终端具备了很好的扩展性，人们可以到应用商店下载安装各种应用程序，从而获得更多使用功能，如邮件接收、网络视频通话、电子书、电子杂志的订阅和浏览，等等。综合来说，智能电视盒的出现极大地扩展了电视终端的媒介功能，对广播电视业来说是一个不小的挑战。当然，基于用户市场的需求和技术发展的内在规律，智能电视推广也将是一个主要的方向。对传统电视影像传播来说，这是一个挑战，同时也是一个机会，可以利用智能电视盒创新播出方式。只要电视机构把握好作为内容制作方的优势，为智能系统用户提供优质内容资源，这种跨平台的传播是有利于电视传播全面发展的。

三、电视传播设备由低端走向智能

1925 年实验性的电视诞生时，只能够显示黑白的雪花图像。2010 年 5

月，谷歌发布自带开放式安卓操作系统的智能型谷歌 TV 产品。同年 7 月，三星率先推出了 TV 应用程序商店，允许电视用户自行下载安装应用程序。2011 年，TCL、联想等厂家推出云电视；2012 年，创维推出社交电视，百视通推出高端智能交互机顶盒；2013 年，小米推出小米盒子，支持 4K 和海量点播……在不到 100 年的时间里，电视已经进步到高清、超薄、可交互，拥有上网功能、3D 显示效果，并且能够在操作平台上使用各种应用的数字多媒体智能电视，这种变化令人叹为观止。

随着智能承载平台的搭建，电视从视频终端变为集娱乐、生活、社交于一体的智能终端，向受众提供越来越个性化的服务和功能，这种转变体现在三个层次：一是提供给电视的使用功能多样化。在很长一段时间里，电视的使用方式只意味着"被看"，遥控器的出现也只是提供给人们在"看什么"即内容上选择的便利。但是，随着交互功能被移植到电视机内，传统电视的生态环境和产业链条得到重塑，智能化时代的电视以交互参与为核心，从看电视变为用电视，观众不再是"沙发里的土豆"，他们的姿态从"后仰"变为"前倾"，能够主动参与到电视节目中，比如主动搜索内容、定制电视界面、即兴互动参与，甚至能够参与制作环节，并观看自己生成的内容，等等，从而实现了个性化的观看。二是第三方扩展。采用了安卓系统等开放性平台的电视，可随意安装或删除各种第三方 App，轻松实现体感游戏、社交网络、电视购物、电视支付等功能。"比如社交电视 APP 能让我们与千里之外的好友共享视频节目，交流与评论电视内容，……一方面消费的是电视本身传播的内容，另一方面消费的是这种全新的体验环境"①。三是仿生功能。电视的智能化不仅体现为赋予用户越来越多的主动权和选择权，还将使电视越来越具有某种仿生性，甚至越来越具有人类的生命特征，比如感应控制、语音操作、情绪感受等。这种智能化演进将使电视成为人们生活不可或缺的助手和媒介工具。

第二节　移动终端带来的整合传播

相比传统的互联网，移动网络既具备类似的网络接入使用平台，又具有无线空间扩展功能。这种随时随地的网络连接服务消除了地域化媒介使用的

---

① 王建磊、沈泽：《让电视移动起来——电视 APP 开发现状与趋势分析》，《广播电视信息》，2013 年第 1 期。

限制，基于移动网络的智能终端促成了包括电视终端在内的各种类型媒介的整合传播。

一、移动终端的无限扩展

无限扩展是移动终端的主要特性，电视影像欣赏绝大多数被限制在客厅的空间里，受众在几十年的使用中，早已习惯这种家庭媒介环境。互联网兴起后，家庭使用媒介中又多了网络媒介，电视媒介使用时间有相当一部分被互联网分割了，未来，电视影像的发展需要跳出这一地点固定、时段固定的限制，而移动终端借助无线网络能很好地扩展电视传播的渠道。

移动终端可以陪伴在用户左右，是最接近用户的媒介终端，用户由此可以随时访问网络和使用媒介。以智能手机为例，它的用户数量增长迅速，手机终端的总数远远超过传统电视终端数量。一般来说，电视拥有以家庭为单位，一个家庭通常只有一两台电视机，而手机以个人为单位，几乎人人都有，手机是真正融入人们生活的媒介终端，既是通信工具，又是重要的媒介工具，其便利性使人们对其产生了依赖。利用手机等移动终端获得的无限扩展，用户得以在碎片化时间随时接收信息，可以说用户借助移动终端得以实现媒介的全时段、全地域覆盖。对电视影像来说，这也是一个大发展的机会，报纸、期刊、图书等文字媒介数字化后，在手机移动终端阅读已经收得了很好的实际效果，用户形成了固定的阅读习惯，手机阅读在数字出版领域也形成了成熟的运作模式。

由于网络速度和智能终端制式的局限性，目前移动终端在电视影像传输方面还受到一定的限制，虽然借助 CMMB（China Mobile Multimedia Broadcasting，中国移动多媒体广播）的移动终端，可以不依赖网络收看电视影像，但这种通过安装由渠道商制定的符合 CMMB 标准的接收模块来实现手机电视功能还是有很大的局限性。首先，基于 CMMB 系统的手机、MP4 等设备需要专门的天线及处理芯片，厂商需要设计与之对应的特殊机型。由于 CMMB 的应用未能推广开来，其终端需求量小，导致大品牌手机终端生产商不为 CMMB 系统生成终端，没有终端制造厂商的支持，很大程度上限制了用户对 CMMB 应用的选择。另外，由于 CMMB 手机电视频道配置具有一定的地域性，多数地区提供的是几个央视频道和几个地方频道，总体频道数量少，而且这些频道基本都是传统的综合性频道，缺乏对受众的吸引力。拥有丰富的频道内容资源才是手机电视媒体存在的首要条件，CMMB 传输方式上的优势反而显得并不重要，因为消费者使用手机电视是为了流畅地观看喜的节目。

相比之下，基于移动数据网络和 Wifi 网络方式的智能终端接入较为可行。这种模式下，用户主要通过到安卓市场或者苹果应用商店下载各种收看电视的客户端软件就能实现。这些客户端软件多是大型电视台及网络视听新媒体专门为移动终端系统提供的。通过安装相应的客户端程序，用户从手机上就能够观看到这些网络平台的所有内容（有的需要付费观看），获取的内容资源十分丰富；也可以收看到主要电视台的节目。尤其是作为国家网络电视台的 CNTV，用户通过其客户端更是可以获得远远超过普通电视终端的频道和节目，移动网络已成为极具前景的新兴传播平台。

二、全媒体合一的终端体验

从传播渠道上审视当今的媒介融合，主要体现在"三网融合"上，即电视网、互联网和移动网逐步走向融合。媒介终端方面，这种融合也在进一步加深，未来这一融合在手机等个人移动智能终端上将体现得更为明显，电视屏幕、电脑屏幕以及手机屏幕将融合在一起，集中在移动终端的小屏幕上。而以手机来称呼未来全媒体合一的个人数字终端，显然不是很准确，因为手机的主要功能是通信，而未来个人移动数字终端的主要功能为数据业务，通信只是功能之一，人们之间的沟通将更多地依赖网络即时通信软件和社交网站。另外，个人移动终端将是全媒体合一的媒介终端，借助小型屏幕的智能终端，用户可以将以往各种媒介类型信息统一在一个终端上使用。媒介融合将首先在用户终端上得到实现，全媒体的移动智能终端将为用户提供媒介使用上的极大便利。

在这种趋势下，电视传播要从内容制作方面为移动终端的使用做相应的优化，推广相关应用，让用户有更好的使用体验。全媒体合一的终端将各种媒介信息一并提供给用户，这对大众媒介自身的内容制作和传播机制也是一个挑战，它需要媒介跳出自身形态的限制，以全媒体平台为目标生成内容。统一用户终端带来了媒介间的竞争，也带来了各媒介均衡发展的机会，用户的媒介使用将无须区分使用时间，因为对统一的终端来说，媒介的使用回到了最原始和最高效的模式。

三、移动终端由单屏走向跨屏

当前，用户的"两屏"（"手机+电视""手机+电脑"）和多屏使用习惯正在形成，有数据显示，美国用户 90% 的媒体消费都花在"四屏"上：

电视、手机、平板电脑和 PC。"四屏"媒体生态的形成其实是一种自然演进，它意味着使用者可在不同平台之间实现内容共享和情境共享，那么，对电视的理解不能再局限于电视屏幕本身，电视—手机—平板的跨屏使用已经成为"大电视"概念的一部分。

所以，除了电视内在的演进之外，未来，电视的改观还体现为外部媒介平台的连接和变化，随着电视连接更多跨平台和跨媒体的内容，其使用范围和使用方法都发生了颠覆性的改变。如，在手机或平板下载一个客户端后，手机或平板即可变身为一台特别的遥控器，随手一"甩"，手机内的信息便会"飞"入和电视连接的机顶盒内，瞬间，电影、音乐、图片便在电视屏幕上——呈现，自然而又流畅。这种全新的用户体验和操作方式就是"跨屏"的概念。可以说，与外部媒介环境的无缝对接将为电视媒体拓展更广阔的生存空间。

可以确定的是，未来的电视不再是一个接收的终端，而是集成了各种应用的开放平台，而且这些应用将充满社交性和交互性，并带来丰厚无比的内容、娱乐方式和各式服务。在国外，微软、谷歌和苹果这些 IT 巨头开始涉入电视领域，并通过"软件+硬件+服务"的理念重建行业规则；在国内，优酷视频、爱奇艺等正努力打造"平台+内容+终端+应用"的生态系统，重新定义未来电视……这些变化令人乐见和充满期待。

第三节 终端人机交流的遥控器、鼠标和触摸屏

电视、电脑、手机等终端都是供人使用的工具，而决定使用体验的重要方面就是人机交互系统是否易用。媒介设备技术总是在向更加复杂化、高端化的方向发展，相关设备内部架构的日趋复杂反而要求设备的人机交互界面操作起来更加容易。以微软的操作系统发展为例，大体经历了字符系统、菜单系统、模块系统三个阶段。早期操作系统微软磁盘操作系统（Microsoft Disk Operating System，MS-DOS），以字符指令为核心，用户的操作指令需要以字段的形式传达给计算机，字符指令往往有严密的语法逻辑，对普通用户来说很难掌握。随着多媒体技术在计算机领域的发展，微软推出应用图形操作界面的系统，从早期的 Windows 3.X 系列一直到后来占据市场主要份额的 Windows 95、Windows 98 以及现在还有广泛用户的 Windows XP、Windows 7 等。从 Windows 95 开始，微软系统的人机界面就没有大的改动，从 Windows 8 这一代开始，其操作界面由菜单式转为棋盘模块式，操作更加直观，同

时，棋盘式布局也更加便于在多种终端上的应用以及与触摸式输入模式接轨。综合来说，个人计算机的使用变得越来越简单，随着图形操作界面的推广，计算机得以进入普通用户的生活中。

媒介终端的发展也遵循同样的规律，能否提供易用的操作界面比是否具备强大的性能更重要。许多技术很先进的设备因为没有得到用户广泛应用而被淘汰，所以，留存在人们日常生活中的一些终端设备并不代表它更先进，而在于它能带来友好的人机交互体验。就电视终端及附属设备来说，智能化发展也面临着类似问题，终端智能化一方面带来了多样化功能和应用，另一方面也需要设计相应的交互系统以与之相适应，多样化功能吸引了用户使用，而复杂的用户界面则阻碍了这种应用的持久性。

电视媒体的普及与其简单便捷的人机交互系统有关，这个系统的关键就是遥控器。遥控器的应用把电视媒介的便利性发挥到了极致，正是因为遥控器的存在，才使电视最终成为人们日常影像消费中不可或缺的伴随性媒介。早期，电视依靠机身按钮的手动操作，在电视频道有限的情况下，不存在换台的困扰，电视屏幕尺寸小，观看距离短，手动操作即可。但随着电视业的繁荣，电视频道数量大大增加，频道的内容资源也越来越丰富，更多选择促使人们乐于通过不断换台来寻找更多观看内容。同时，节目资源的丰富也带来了广告数量的增长，于是，更多情况下，受众换台不是为了选择，而是为了逃避。

基于受众的实际需求，红外传输的无线遥控器的发明成为电视发展史上的重要革新，一直到今天，它都是电视机最重要的附属设备。电视遥控器赋予了受众某种控制力，在面对单向传播的影像内容时，借助遥控器可以获得一定的主动权，有了小巧的遥控器，受众可以很容易地掌控这个大型设备。遥控器赋予了电视媒介高度的易用性。在传统电视与网络视听新媒体的使用体验中，遥控器也起到了决定性的作用，相比鼠标，遥控器在操控影像播放上更加便利。电脑主要使用鼠标作为输入设备，鼠标的应用也是伴随着操作系统的发展而来的，早期字符指令系统，使用命令进行输入主要依赖键盘，鼠标的应用要归功于苹果的 Macintosh（简称 Mac，苹果电脑的总称），它的推出引领电脑进入图形用户界面，同时也推出鼠标作为计算机的标准配置。无线鼠标近似遥控器，不过它少了很多按键，但在实际应用中，鼠标却不能取代遥控器。鼠标定位精确，用户使用时往往需要集中注意力，而遥控器的使用则更为随意，配合了电视影像消费中受众的轻松状态。基于遥控器对电视媒介的重要性，目前正在发展的机顶盒、电视盒等智能设备均把遥控器作为输入的必备配件。

除了技术层面的应用，遥控器的意义还体现为其在家庭环境中的重要地位：家庭环境中，往往谁掌握了遥控器谁就掌握了主动权，也就掌控了家庭的媒介环境。电视影像具有很强的家庭影响力，影像内容包含图像和声音两个基本部分，这就决定了在同一环境中电视与其他影像媒介很难共存，图像播出可以存在于各自的屏幕中，但声音是具有发散性的，同一个房间很难同时使用两台电视，或者同时播放两套影像内容。因此，电视媒介在家庭环境中具有孤立性和排他性，正是电视拥有的这种唯一地位，使其遥控器的掌握者获得了更大的权利。从客厅环境来说，电视往往被置于客厅中心，人们面朝电视而坐，虽然大家并非都在专心看电视，可能各自做着其他事情，但打开的电视在持续播放着影像内容。这种影像环境掌握在拿遥控器的人手中，掌握遥控器的人间接营造了所有成员的媒介环境，无论成员们是否专心，都会受到所处环境的潜在影响。所以，遥控器的存在具备了多重意义，从技术到社会文化，遥控器都是未来电视智能终端存在的必要组成部分。

对移动终端来说，触摸屏的应用是人机交流改进的重要体现。触摸屏的研发具有很长的历史，但在早期应用中，因为显示面板价格昂贵，触摸屏一直到20世纪90年代末才开始推广，这种操控设备的方式显然对移动终端上影像内容的使用相当有利。触摸屏技术伴随着移动终端大屏化发展而产生，它解放了键盘，使移动终端能在保持设备小巧的同时将屏幕做到更大，不仅有利于欣赏影像内容，而且使手指触控更为直接。摆脱数字键盘的限制，移动设备系统从某种意义上来说也被影像化，用户的使用不受字符系统的限制，以视觉思维来应用设备，可以说是人机交互系统的最终理想模式。

传播链条中的终端处于一个特殊的位置，它距离传播者最远，而距离受众最近。终端的意义在于它关乎受众的媒介使用体验，其重要性容易被传播者忽视。一般来说，人们往往更重视内容与传播渠道，当然，这两方面对传播效果具有决定作用，然而，内容需要通过终端才得以使用。终端从某种意义上更像是人的延伸，它扩展了人的基本感知能力，赋予了人们接收数字信息的能力。同时，终端的功能也限制了人们对外界信息的获取，不同终端系统的特性决定了其接收信息的类型与规模，终端为受众做了信息上的过滤，只不过这种过滤主要来自技术层面，而不是社会层面。

第四章　媒介融合带来受众与电视关系的演变

大众媒介与受众的单项传播关系借由信息技术发生了改变。以电视传播为例，传统电视信号属于单向传播，没有受众反馈机制，甚至广播信号有没有受众接收都是不可知的，受众被置于单向的边缘。借助广电系统数字化改造，有线广播网得以与受众建立联系，电视机构能通过机顶盒获知受众的使用情况，通过机顶盒界面与受众发生初级的简单互动。深层次变革则来自网络新媒体的冲击，借助网络传播平台，电视内容被置于双向互动的空间，用户的点击、收看、在线时间以及评论等信息都会被网络平台掌握。媒介融合背景下，诸多渠道构建了受众对大众传播机构的反向干预，面对积极的受众，电视传播需要以新型受众关系为基准，重构电视在受众中的重要位置。

第一节　媒介融合引发的受众分化

传统媒体时代，受众群体有着明显而又稳定的区隔，纸质媒介、电子媒介的阅读使用功能有着显著的区别，由此延续，传统报纸、期刊、图书、广播、电影和电视都形成了相对稳定的受众群体。这一稳定状态在新媒介时代被改变，媒介技术改变了大众媒介的基本形态和传播模式，受众也因此出现了明显的分化，尤其是媒介融合带来了从信息生产—传播—接受整个传播链的整合，由此也引发了电视受众群体在多个层面上的分化。

一、差异性与同质性引发的受众分化

数字技术扩展了传统电视的传播，数字电视模式下，电视台的频道资源得到有效扩展，原有卫星频道之外增加了大量数字频道，借助于广电网络数字化带来的带宽优势，电视台频道资源得到进一步开发，电视频道数量增加，受众面对的选择也就相应增加了。频道越多，受众分流越明显。而且，为了能在竞争激烈的电视收视市场拥有发展空间，新成立的频道往往更加专业化，其倾向于提供某一特定类型内容，满足特定的小规模受众需求。专业化的细分策略适合在饱和竞争环境中应用，总是能吸引一部分特定的小群

体。由于专业频道的内容资源有独创性,所服务的受众群体也有较高的黏性,因此引发了电视传播内部的分化。

频道快速扩张时的差异化策略,达到了细分受众的效果,然而,随着频道数量的增加,差异的空间越来越小,导致各个频道的后续发展很难找到既符合受众需求又缺乏优质服务的空白市场机会。专业化频道竞争核心在于差异化的内容资源,这种差异化在众多竞争频道出现后会逐步出现同质化现象,即频道间雷同的内容越来越多。没有独特性的优质资源,就很难维持受众的关注,这使得电视受众对频道的依赖性降低,忠实受众越来越少,整个受众群体也被分化得更加零散。当然,同质化内容不只出现在专业化频道的竞争中,电视台的卫星频道、综合频道,它们之间内容同质化更为明显。除了节目类型雷同外,很多电视台甚至经常同时播放相同的内容。电视台不重视独创内容的生产,也加重了整个电视传播内容的同质化,由此引发的受众分化也越来越严重。

二、网络平台传播的受众分化

网络技术的演进给电视传播带来了新的平台与渠道,给网络平台带来了更加广泛的传播力,网络传播集合了大众传播、组织传播和人际传播的所有特征。基于网络的电视传播拥有更加显著的发展空间,网络平台与电视平台成为对立双方,而受众则要从这两方中做出选择,这个分化的过程在某些受众群体中显得尤为明显。

一方面,传统电视借助网络平台获得新的传播渠道,预见到这个平台的未来前景,电视台一般均开设了基于网络的传播系统。基于网络的内容扩展超过电视平台的内容体系,而基于网络电视系统,电视台则能够扩展更多的频道,包括地方性的、专业性的等。除了对现有频道进行网络化扩展外,大型的电视节目制作机构一般会在网络平台专门设置频道,这些频道都是依靠电视节目制作机构原有的强大的节目数据库系统,能够提供更加丰富的内容资源,部分受众于是转向网络电视内容消费,在这种趋势下,受众分化还会随着媒介技术的发展而更加明显。

另一方面,网络技术提供了开放平台,互联网将世界纳入同一时空维度,媒介技术将全球范围的电视传播融入同一平台,地域间电视传播的技术壁垒不复存在,受众只需使用简单的应用程序就可以收看全球电视传播。目前流行的一些软件和网站提供了全球几乎所有主要电视台的信号转播,突破国界后,受众所面对的频道资源又增加了数倍,由此也引发了对原有电视受众的二次分化。当然，这种全球化带来的分化是一种比较特殊的情况，更多的是意义层面的变革，实际受众在使用中并没有像想象的那样呈规模化发展，这是因为全球化频道对各国观众的吸引来自文化的差异性。不同国家和民族发展出了各自独特的社会文化，而大众媒介承载了其文化的基本特质，不同文化间的差异促使文化信息在不同国家、民族间流动，受众被差异化所吸引，这也正是跨文化传播产生的机制。然而，这种差异性在助推文化流动的同时，也产生了一定的阻碍效应，文化之间的差异造成了不同文化之间交流的困难，不同文化群体的受众对差异化大的内容很难接受。综合来说，全球化带来的差异化文化总是能吸引符合其特质的特定受众群体，这些群体的汇集对原有电视受众体系的分化来说是一股不小的潜在力量。

三、影像媒介融合带来的受众分化

融媒时代，影像传播有了更多新的渠道和方式，人们对影像内容的接受也有了更多新的选择。影像媒介对人类生活有着特殊意义，它是最原始的媒介之一，今天，影像媒介依然在受众生活中起着重要作用。以往影像媒介以电影、电视为主，电影传播注重的是单个作品的影像表达，其传播方式也具有独特性，主要通过影院传播，而在影院的观赏行为更多表现出的是其社交功能，而不是传播功能，将电影视为文本显然比视其为媒介更加贴切。网络视听新媒体出现之前，电视是绝对意义上的大众影像媒介，它在社会的影像记录及传播方面发挥了极大的作用，出现后很快就在人们生活中占据了重要地位，其功能已经被开发到极致。而新媒介时代，以网络视听为代表的新媒体突破了电视传播原有的发展局限，在影像内容传播上极具优势，使电视受众群体产生了实质性的分化。相比电影受众，电视受众的流失最为显著，原因还是在于电影观赏的社交属性，一般很少有受众独自去看电影，对电影的观赏多是集体行为，共同观赏是社交活动中典型的模式。另外，从电影作品延伸出的话题也是人们在电影院外的生活圈中交流的重要素材，电影的这种功能是电视及网络视听新媒体所不具备的，正是这种特性使电影这种最早的大众影像媒介没有遭受到如电视媒介后来所遭受的巨大冲击，信息时代涌现的网络视听新媒体同样没有对电影造成实质性的影响和改变。

电视媒介则不同，它缺乏特定属性来维系其固有地位。网络视听新媒体具备了电视影像传播的主要功能，并且对受众来说，它提供了传统电视所不具有的更多的便利使用体验。比如，网络的巨大影像资源库涵盖了电视、电影的全部内容，在传统影像内容外，网络视频分享平台更是为用户提供了自己上传影像内容的渠道,用户参与内容生产,改变了人们以往对大众媒介的一般认识,他们的手机既是接收端,也是传播端。传统的大众传播是点对面的发散式结构,而网络传播是多点对多点,更为复杂的网状结构,在这种结构中,用户的黏性更高,更容易沉浸其中。相比之下,发散式结构下的受众主要单方面接收大众媒介信息,与传播方没有牢固的联系。同时,传统大众媒介的受众之间缺乏关联,是典型的松散群体,面对其他媒介内容的吸引,受众群体更易分流。不过,网络视听新媒体不会全盘瓜分受众,因为网络视听新媒体的先进技术也制造了受众使用的门槛,熟练使用视听新媒体需要一定的技术知识,这种技术门槛延缓了分化的速度,但随着网络技术的普及,这种分化的程度必然会更加明显。

信息技术带来传播方式上的变革,基于无处不在的各种网络,信息的传播和接收变得异常容易,受众不再只是被动的接受者,新媒介赋予受众主动性选择,双向的网络系统使受众成为信息传播者。相比少量大众传播机构来说,网络视听新媒体的受众规模要大得多,受众每天用自己智能终端发出的信息量远远大于大众媒介,传统大众媒介也由此构建了与受众的新型关系,大众媒介的信息来源越来越依赖受众的传播,大众媒介成为二次传播者,或者说是大众信息的把关者。

第二节 电视在受众中地位的变化

在媒介融合背景下,面对受众的分化流失,电视业需要重构电视的传播体系,谋求未来在受众影像消费的中心地位。如果说内容资源是电视传播的核心竞争力,那么,其受众群体则是其生存和发展的基础。

一、电视从"中心地位"退出

考察电视与其受众群体的关系,在新媒介时代,电视可以说在大众日常影像媒介的使用中占据了中心位置,而在新媒介的挑战下,它已经逐步退出这一中心位置。虽然电视在大多数家庭中还在扮演着重要的角色,但未来新媒介对受众的分化效应将更明显地体现出来。当前的电视传播已经失去了对未来潜在受众的吸引,传统电视需要变革来寻求适应未来媒介融合背景下受众的需求,而相比电视的中心地位,受众在电视传播中的中心地位显得更为重要。

电视在大众生活场景中的位置从侧面体现了其重要性,因为"不仅要把电视看作传播画面和声音的载体,也要意识到电视在家庭中的物理存在,它是一件带有图腾意义的家具"①。在普通家庭中,电视一般被放置于客厅中最重要的位置,往往占据了客厅的一面空间,是进入客厅的视觉中心,家具摆放往往围绕电视展开,人们坐的位置也是围绕电视分布。以往,多数受众家中,客厅的总体布置几乎可以被定义为"电视播映室"。当然,电视这种中心地位并不是绝对的,也有很多人排斥电视,认为电视影像消费完全是在消耗时间,因而并不看电视。显然,将看肥皂剧的时间用来多读一些书,确实更使人进步,即使用来看电影,电影文本也会带来某种文化气息。不过,广泛意义上的大众选择显得更加通俗化,大多数受众还是被电视影像世界所吸引,电视所处的地位依然十分重要。

二、受众对电视的浅参与

电视自流行起就饱受批评,电视影像内容的泛娱乐化大大降低了人们对其内容质量的判断,电视文本多被批判性地解读,对电视影像给大众带来的负面效应的认识远远大于其存在的正面意义。究竟电视影像对受众能产生多大的影响?这是一个关键问题。人们对这个问题有不同的认识,纵观这几十年的发展,电视虽然占据了受众生活空间的重要位置,但就其传播信息的潜在效果看,电视对受众的影响是十分有限的,因为电视受众更多的是浅参与,与对电影的深度参与不同,他们一般不会持续深入到对电视影像的接受中。仅就环境而言,电影院是一种极端化的环境,黑暗的空间内,受众的注意力被最大化地集中。另外,电影院借助大型屏幕和环绕音响系统,总是能制造富有氛围的观看环境,受众被包裹在巨大的音视频信息流中,较容易深度参与解读文本。而电视受众所处的位置则大不相同,他们观赏电视时会保持周围空间的亮度,电视的屏幕较小,音响也不具备制造涵盖整个大空间的能力,而且这是一个开放性的环境,电视播放的同时,伴随着家庭成员间的活动,从环境意义上看,受众需要的也只是浅参与的媒介。

另外,从影像文本内容形式看,电影剧情紧凑,内容较为丰富,文本的解读需要受众的深度参与,观赏电影时,如果跨越某些片段,一般会对整个观赏过程带来很大影响。而电视则不同,绝大多数电视节目内容较为松散,重复性话语出现比较频繁,受众观赏时,即使经常性地跳过某些片段,也不

---

① [英]戴维·莫利:《传媒、现代性和科技:"新"的地理学》,郭大为等译,中国传媒大学出版社2010年版,第281页。

会影响整个观赏体验,因而对电视节目无须仔细观赏,也能完整了解其内容。电视文本的内容特点决定了其作为浅参与媒介的属性,但这个属性并没有负面意义,正是浅参与赋予了电视媒介在受众中的重要意义,即作为日常生活中不可缺少的伴随性媒介存在。

三、以受众为中心

现代人日常生活中缺少不了媒介,媒介在构建人们的社会认知方面起到了关键作用。媒介提供了另一种生态环境,而这种环境的主要组成部分正是大众化的电视媒介,它与人们的日常生活相伴随。虽然人们阅读报纸、图书和观看电影的参与程度较深,但总体使用时间比电视要少得多。电视作为伴随性媒介,人们往往是边看电视边做其他事情,电视总是保持打开的传播状态,不断地制造着影像环境,在这个环境中,人可以聊天,可以做事,可以离开,并不受约束。总之,电视媒介更像是一种重要的生活背景,这个背景由其影像组成,通过媒介,受众得以在封闭的空间达成与外在世界的联系:一个被影像化把握的世界景观。

在媒介融合背景下,对电视受众需要重新认识,受众一般被视为传播链的最末端,固有的偏见只是将受众视为信息的接受者,尤其是大众媒介的受众,总是被视为媒介规训的对象。因此,围绕这个大众化媒介形成了大范围的稳定的受众群体,但是,这个稳定性构架在网络新媒体出现后正发生着深刻的变化,总体趋势是受众明显偏向新媒介,媒介融合带来了受众对媒介使用和需求的革新,网络媒介和开放性使原本稳固的受众群体出现分化,甚至走向两极化。对当前电视受众研究需要突破固有认识,在新媒介环境下,积极性、主动性成为其群体的主要特征。正如詹姆斯·罗尔所述:"有限影响理论、利用与满足研究,和文化研究分析均在同一方向指出——人类有能力以改善其利益的方式参与、阐释与利用媒介技术和文本。"①

当然,以上变革都是基于受众的参与和使用进行的,媒介融合时代,数字化和网络化媒介带来的冲击大大分化了原有电视受众,电视中心地位面临着巨大挑战。不过,就当前的发展情况来看,电视媒介面临的局面显然并没有想象的那么被动,电视影像在人们生活中还是重要的伴随性媒介,只不过这种重要地位随着媒介融合可能会有所变化。总之,未来的发展格局中要求

---

① [美]詹姆斯·罗尔:《媒介、传播、文化——一个全球性的途径》,董洪川译,商务印书馆2012年版,第136页。

电视媒介以受众为中心,重点发展其独有内容资源的优势,跳出传统电视传播平台的限制,以服务于多平台的思维,有针对性地生产与整合内容资源,利用电视终端智能化的趋势,努力向着未来家庭多媒体数据中心的位置转换,以重塑电视传播未来在大众媒介生活中的地位。

通过对电视影像整个传播链条的考察,可以看到媒介融合带来的从内容生产、平台渠道、终端以及受众方面的深刻变化。从内容生产看,新媒介技术带来了影像内容生产的开放格局,各类媒介或多或少参与到影像内容的生产中,媒介融合带来了影像内容生产的多元化。从传播平台和渠道看,借助于"三网融合"趋势带来了未来电视媒介多平台的扩展,传统电视的传播面临新的发展格局,基于互联网和移动网络的跨平台扩展将深刻改变传统电视的传播模式。借助于信息技术的发展,电视终端及附属设备也向着网络化、智能化发展,正在兴起的移动终端也将重新整合包括影像传播在内的各种媒介。

第三节 电视受众需求的变化

当今电视媒介环境发生了很大的变化,"电视受众的收视行为也发生了嬗变,一方面,受众崛起,自主性增强,选择权扩大,会主动选择传播渠道和寻找自己想要的个性化内容;另一方面,受众已不单是被动接收信息的'沙发土豆',而是更多地通过互动渠道,参与、分享、评论。在这个变化过程中,电视受众的收视需求也随之'升级'"[①]。重新审视受众"看电视的理由",思考与把握受众的需求变化,这也是电视媒体需要研究的重要课题。从近年来的传播实践看,电视受众接受需求的变化主要表现在以下四个方面。

一、利用社交媒体互动,追求参与感与忠诚度

网络新媒体与电视媒体融合,已使我们感受到受众接受与消费媒介内容的方式时刻都在发生改变。电视媒体纷纷涉足网络媒体、移动手机领域,并且将网络和手机平台作为接收结构的重要组成部分。受众通过微信、微博、博客、论坛等社交平台收集信息,并发出自己的声音;话语权的转移和下放,使得受众拥有了更多自我表达的机会,公民新闻、公民媒体的兴起,更

---

① 柳长盛:《新媒介环境下电视受众需求的再审视》,《今传媒》,2016年第1期。

加丰富和扩展了当下的传媒生态与接受系统。利用社交媒体,"通过与受众群体进行社交互动,电视媒体能有效提高受众对电视节目的忠诚度。例如,针对央视综艺节目《开门大吉》而言,这一节目最先转变传统固定的答题闯关模式,在节目中使用流行的二维码,以此实现电视机前的观众和节目参加对象之间实现实时互动。而湖南卫视则开发出自己频道的移动 App(芒果TV),当在电视上播放节目时滚动展示相应的二维码,利用深化社交网络布局,引领用户深度关注电视节目,从而提高受众的忠诚度与黏度"[1]。在融媒语境下,传播者要想和受众群体之间更好地进行互动,就应大胆地利用社交媒体,参与到双屏互动中,这不仅能使电视节目播出时间更加灵活,而且能拓展电视媒体传播的内容与空间。

二、提升电视媒体公信力,传递真实、权威信息

互联网与电视融合,各种移动媒介、社交媒介广泛应用,极大地丰富了信息内容来源,拓宽了受众接收信息的渠道。然而,互联网在带来丰富信息的同时,也存在弊端:一是信息冗余,分散和干扰了人们的注意力;二是真假内容混杂,谣言、诈骗信息充斥其中,增加了人们了解真相、分辨是非的难度;三是各种声音和思潮涌动,低俗、媚俗、庸俗言论大行其道,冲击了社会主流价值观,败坏了社会风气。此情况凸显了电视媒体公信力的重要性。电视媒体虽然也有过诸如"纸包子"等虚假新闻的困扰,但总体上,其公信力普遍高于网络新媒体,代表着真实、权威、主流的力量,受众仍然期望在电视媒体上得到真实、权威的信息。

以天津滨海新区大爆炸事件报道为例。该爆炸事件始于 2015 年 8 月 12 日晚。事件发生初期,某记者个人采写的相关消息首先在微信、微博等社交媒介上及时传播,就连有些官方媒体报道也来自社交媒体上的信息。当时,公众迫切需要有关事件的深入报道,追问事件发生的原因,了解事态的进展,等等。但当时的救灾指挥部未能及时满足公众的信息需求,当地的电视台还在播放电视剧,对爆炸事件语焉不详,因此受到社会舆论的强烈谴责。后来,中央电视台及北京的部分官方媒体经过深入调查,播出了多篇真实有深度的报道与评论,才恢复了公众对主流媒体的信任。"因此,在新的媒介环境下,电视要更加重视公信力的建设,始终坚持新闻真实性的要求。在节

---

[1] 张博文:《媒介融合语境下电视媒体和受众的互动》,《新闻研究导刊》,2017 年第 1 期。

第四章 媒介融合带来受众与电视关系的演变

目中,始终诚实地面对观众,不掩饰,不歪曲,不忽悠。与此同时,在重大事件发生后,不是回避,而是及时跟进。不在速度上与新媒介争长短,而是发挥自己的优势,多提供理性的声音和权威的解读。"①

三、通过强化用户体验,增强受众的认同感

融媒环境下,"电视媒体的受众群体不再是传统的被动接收者,他们对电视节目有更高的自我表达与参与诉求。当前,'体验'已成为服务经济与知识消费后的一种新的经济形态,越来越多的消费者追求体验度,越来越多的企业也正在精心设计产品的体验销售。在媒介融合语境下,电视媒体在和受众互动的过程中,同样需要强化用户的体验度,以此提升受众群体对电视节目的认同感,两者实现优质互动"②。近年来,许多电视节目制作部门加大了体验性节目的制作,其中,各种电视"真人秀"节目不断涌现,节目大都邀请普通民众或热心观众代表参加。如中央电视台的《星光大道》《中国诗词大会》《中国谜语大会》《经典咏流传》、湖南卫视的《我是歌手》、江苏卫视的《非诚勿扰》、天津卫视的《爱情保卫战》、河南卫视的《汉字英雄》、河北电视台的《中华好诗词》等,这些节目有效地转变了中国电视媒体的形态,激发了受众群体的收视兴趣。电视媒体传播者主动改变传播内容和形态,通过强化用户体验,增强受众的认同感,收到了很好的传播效果。

四、追求视觉享受,体验科技带来的舒适感

从媒体特质上讲,电视是一种文化,具有审美文化品性,其传播的内容承担着维系文化与社会的责任,同时以画面、声音及其时空运动所形成的叙事为表达方法,并融合了其他各种艺术样式与科技手段。因此,从视觉效果看,接收影像的"屏幕大小和清晰度直接决定了观感。如今,手持视频设备如手机、iPad 的清晰度越来越高,吸引了大量的受众。而围绕着电视的科技创新,高清、大屏也给了观众固守电视屏的理由"③。

随着视屏技术的不断进步,如今 4K、8K 高清、大屏逐渐进入一般家

---

① 柳长盛:《新媒介环境下电视受众需求的再审视》,《今传媒》,2016 年第 1 期。
② 张博文:《媒介融合语境下电视媒体和受众的互动》,《新闻研究导刊》,2017 年第 1 期。
③ 柳长盛:《新媒介环境下电视受众需求的再审视》,《今传媒》,2016 年第 1 期。

庭。电视机更为轻薄,画面更为细腻,同时,电视也叠加了更多互联网应用,"看电视"正进化为"用电视"。电视受众足不出户就可以实现购物、缴费等多种需求,特别是在家就可以体验到影院级的视觉效果。为适应电视受众变化了的需求,一些综艺节目在投入、制作和呈现上都越来越"大片化",追求极致的舞台效果。例如,《奔跑吧兄弟》《爸爸去哪儿》《西游奇遇记》等户外节目大量采用航拍镜头和大景深镜头与跟拍手法,使画面更有纵深感与强烈的动感。上海东方卫视益智游戏类节目《梦立方》为加大看点,除了花样翻新的游戏设计外,还搭建起了"由六面玻璃墙组成的高达5米的立方体,底部为全电脑控制的游戏平面,蓝色和红色荧光的大量运用,电波画面和金属质地的遍及,加之灯光效果与后期特效编辑的配合,使得整体画面干净、大方、梦幻,充满科技感和未来感,大大增加了观众的视觉体验。同时该节目还大量采用了高科技手段和电影的表现手法,比如《黑客帝国》中的'时间冻结'技术、高速摄影机、时间切片系统等高科技,还会融入体育比赛中的慢动作回放环节,让成功和喜悦,让惊喜和激动重新回放,激发观众的参与感"①。还有如《创客星球》《中国好声音》《我是歌手》等舞台设计,都融入了灯光、舞蹈、音乐等多种艺术形态,给观众带来艺术享受和舒适感。而这些是手机等小视屏无法体验的。

　　在"互联网+"的催化下,网络与电视综艺内容产生了许多更具科技感的玩法,AR、VR、网络直播、短视频等给观众带来了更多体验感。比如江苏卫视和湖南卫视跨年晚会将全息投影技术和AR技术融入节目和舞台布景,体现了将领先科技概念变现运用的能力。2016年是AR元年,AR的效果已经无缝地接入到人们的生活当中。电视AR和受众息息相关。事实上,2013年的春晚已经开始普及AR技术,2017年的央视春晚运用VR直播、无人机编队等"黑科技",北京卫视春晚则借助AR技术发放红包,等等,这些都为受众带来了更多玩法与视听享受。

　　目前,AR在电视上可以深入到四个领域:家庭医疗、家庭娱乐、儿童教育、家庭购物。家庭医生通过视频的摄像头可以判断病人的身高、体重等情况,进而给出评估,通过硬件的支持可以将治疗做得越来越准确;游戏娱乐就是AR游戏、家庭影视,包括动物游戏都可以展现;儿童教育现在主要做幼教,比如电子书,通过AR,还可以产生一些更加独特的、生动的儿童

---

① 参见《〈梦立方〉——情感节目海洋中的一股清新之风》,http://www.doc88.com/p-660156045911.html。

第四章 媒介融合带来受众与电视关系的演变

教育。家庭购物可能与所有女性息息相关。为什么购物一定要放在电视上？女性在淘宝上买衣服已经成为常态。大家都不想做买家秀。买衣服要试穿，家里是一个私密的环境，人们在家里很自在，可以穿得很少。而 AR 需要很高的身体接触度，衣服穿得越少越好，因此，在家里可以随意穿搭，试穿自己喜欢的衣服，从而增强了消费者在家里购买衣服的功能。

2018 年，AR 首次在全国"两会"报道中应用。新华社"小新"使用 AR 功能扫描二代身份证国徽图案，图文并茂的政府工作报告即刻呈现在眼前；人民网与《人民日报》信息公共平台合作，设立《两会进行时》视频报道栏目，运用 VR、AR、MR、AI 等媒体新技术，对"两会"进行视频报道。AI 和 VR、AR、MR 等新技术，使融媒时代新闻生产技术与方式发生巨大变革，受众获得了沉浸式的视听感受。

沿着 AR 的思路，可以进一步透视新媒体的发展。与 AR 相关的一个概念是 VR（虚拟现实）。所谓虚拟现实，"是人们通过计算机对复杂数据进行可视化操作与交互的一种全新方式，与传统的人机界面以及流行的视窗操作相比，虚拟现实在技术思想上有了质的飞跃。虚拟现实中的'现实'是泛指在物理意义上或功能意义上存在于世界上的任何事物或环境，因此，虚拟现实是指用计算机生成的一种特殊环境，人可以通过使用各种特殊装置将自己'投射'到这个环境中，并操作、控制环境，实现特殊的目的"[①]。虚拟现实通过虚拟技术，使得受众在接受电视语言传播的过程中实现触觉在场。虽然目前 VR 技术尚不够成熟，但是它在媒体报道和影像传播领域已经逐步得到各种创新型的应用。

VR 其实是整个屏的革命，VR 的出现让我们从眼睛盯着屏到屏跟着眼睛走，虽然现在 VR 技术还不够成熟，效果也不是很好，但是，随着技术的进步，VR 头盔可以做得像墨镜一样，这样就感觉不到屏的存在了。现在，媒体展现的和人们所看到的东西不再是按照时间线播放的，也不是人们自己点播的，而是根据你过去的阅读记录、你看的大数据标签，自动为你抓取、聚合和推荐的内容。每个人看到的内容列表都不一样，可能每个人都是受众，也都是记者，将来，就像移动直播一样，人们可以通过别人的手机看到这个世界。

3D 影像是人通过视差看到的立体影像，主要利用人的双眼立体视觉原

---

① 参见《VMware 虚拟技术白皮书》，https：//www.vmware.com/pdf/virtualization.pdf#search=%22hypervisor%20VMware%20virtualization%20layer%22。

理，使人能从视频媒介上获得三维空间影像，从而产生身临其境的感觉。3D影像技术在电影、电视、游戏等多个影像领域得到了广泛的应用。同时，应用该技术的3D电视也逐步走向量产，走进大众家庭。2012年1月1日，由中央电视台、北京电视台、天津电视台、上海电视台、江苏电视台、深圳电视台等六家单位联合开办的中国首个3D电视试验频道开播。

2018年10月1日，中央广播电视总台开播国内首个上星超高清电视频道——CCTV-4K超高清频道。4K超高清频道的上线，标志着我国超高清视频进入了快速发展的阶段，将更加促进超高清全产业链的快速升级。4K视频颜色更鲜艳，音效更逼真，配合优质的大屏4K超高清电视，能够带来媲美影院的视听效果，让家庭影院成为现实。

2019年上半年，央视网落实中央广播电视总台"5G+4K+AI"战略，用全新的"5G+4K+AI"技术开辟新闻报道的新赛道，从而树立技术赋能内容的高站位、大格局、强传播的全媒体传播范本。2020年的春晚在节目传播上，创新地融合应用5G、4K和VR等新技术，为观众带来了全新的观看体验。如今的电视媒体将在未来换上新的容颜，也许不再叫"电视"，但可以肯定的是，人们感受到的一定是更好的视听体验、更加丰富多彩的绚丽的荧屏世界。

第五章　媒介融合形成电视媒体的多边互动

新兴媒体的快速发展以及影响力正促使传统电视媒体不断发展变化，这种变化从基本技术层面一直延伸到整个产业链。媒介融合时代，传统电视媒体面临着融合发展中的格局重构、媒体拓展与延伸，这些变化将反映在电视传播的整个链条中。全面理解新媒介环境下电视传播中内容、平台与渠道、终端、受众及传者几方面的变革，有助于我们探索媒介融合背景下电视媒体超越性发展的有效路径与模式。本章所指的媒体互动，"是指不同类别的媒体进行合作、影响的动态的信息传递方式；其特征是在各个媒体保留自身的传播特点和媒介属性的基础上，在传播的议题、内容、渠道和营销方式上进行互补与合作"①。而在这一进程中，电视与网络的互动形式主要分为电视媒体与网络媒体内容上的交合以及网络技术对电视功能的反哺两个部分。

第一节　电视媒体多边互动的基础

在技术环境大背景下，传统媒介环境下的"受众"已经变成新媒介环境下的"用户"。各种各样的新媒体脱颖而出，不断丰富着人们的媒介生活，而电视媒体在面临巨大挑战的同时，也迎来了革新的机会。通过与不同新媒体的多边互动，不仅丰富了自身媒介系统，还与用户形成了更好的沟通和对话。电视媒体与新媒体的互动，一方面源于自身的社会功能的互补性，二者的良性互动，有益于实现媒体社会价值和经济价值的统一；另一方面则源于二者传播特点的差异化，互动模式更能满足多元化用户的多元需求。

一、受众角色的转变

现实环境的改变促使媒介受众角色的转变，互联网时代，媒介使用者的被动状态已经成为过去，传统的受众变为主动的用户。用户行为的变化促使

---

① 曹慎慎：《互动与融合：全球化视野下的中国电视与网络媒体》，中国社会科学出版社2015年版，第39页。

新的媒介关系建立，伴随着用户文化的兴起，各媒体的互动融合发展逐渐加深，而因"用户"这一概念带来的是受众能动性的最大化，使得多媒体之间的互动与融合成为构筑新的媒介场景的重要方面。

20世纪早期，传播学领域著名的"皮下注射论"认为，传播媒介的强大力量是不可抗拒的。传统媒体与受众的关系是单向性的，媒体生产内容产品，受众付费或免费获取、使用。后有学者提出了"受众反馈"以及"积极受众"理论，用以弥补前一理论对受众能动性方面研究的缺失。这些理论强调了受众的反馈作用与解码的主动性，为"受众"向"用户"的"概念"发展过渡提供了理论基础。"用户"概念的内涵，不仅是指反馈的互动主体，而且包括选择权、参与度和生产者等方面。用户产消于一身的特征打破了传统"媒介—受众"以媒介为核心的单向传播模式，建立了新的"媒介互动—用户"为核心的复杂传播模式。在传统电视向多媒体复合体系发展的过程中，电视观众也实现了用户身份的转变，相较于媒介中心时期，电视播出内容、播出时间都以电视台为主导，现在的用户则可以选择看什么、在哪里看、什么时间看，甚至直接参与到节目的制作中去。电视观众作为受众的典型代表之一，已经不再仅仅追随电视这一单一的媒体，而是成为跨平台与跨媒介环境下用户中的一员。在用户群体身上间接反映出融合与人性化发展的媒介特征，双向性的社会媒介传播模式将取代单向性的消费型的工业模式。电视的受众叫观众，而新媒体的使用者就是用户，因为信息的单向传播，电视台无法掌握自己的观众都有哪些人，在什么地方，有什么喜好，而在有大数据支持的新媒体环境下，新媒体能够掌握用户的行为、习惯、偏好、个人信息、地理位置等资料，为用户提供差异化、个性化节目体验的同时，还为广告的精准投放、在线交易的商业模式提供了发展空间。"把成千上万的观众转变为用户，从'收看'转变为'互动'，就像新媒体那样正是电视媒体要从新媒体那里攫取的圣经和应有的创新思维"[①]，这一理念的转变也是电视媒体与新媒体互动发展的重要前提与基础。

二、社会功能的互补性

媒介系统具有多元社会功能，也具有政治、经济、公共等多重属性。从国家改革的战略安排来看，社会效益与经济效益兼顾是国家对媒介制度设计

---

① 傅煜冬、赵永波：《全面互动——新媒体时代电视节目的创新思维》，《当代电视》，2014年第9期。

和政策安排提出的基本要求。在改革和发展中,传媒业首先应坚持"当好党和人民的喉舌"的基本定位不变,同时承担分摊改革风险、维持社会稳定、满足人民精神文化需求的责任,并挑起"战略产业"的重任,这就意味着媒介系统的政治属性、公共服务属性和经济属性都要得到充分发挥。然而,从媒介发展的现状来看,两种效益难以兼顾、三重功能属性相互冲突正是我国媒介发展所面临的最大困境,造成这一困境的根源则是我国媒介制度变迁过程中所形成的"混合型体制",在视频行业的直接表现就是各媒体定位模糊,市场混乱,管理滞后,传统电视疲于社会效益和收视率的兼顾,而商业视频媒体则一味追求商业利益。结合我国发展的现实和现有媒介形态,合理的媒介系统应该包括"政治公共性媒介""经济型媒介",这两种类型的媒介承担不同的任务,发挥不同的功能,满足不同利益主体的需求。传统电视媒体属于具备经济性的"政治公共性媒介",新媒体则属于具备公共性的"经济型媒介",二者的互动是"明确自身社会角色有利于社会文化事业的建设性发展,有助于社会功能互补增益"。"混合型体制"给予媒体行业一个开放多元的机会,应发挥它的积极作用,混合并不意味着分散,正因为"混合性带来的两者在社会功能方面的互补性,使得无论从国家媒体发展角度还是从个人媒介需求角度出发,二者都是缺一不可的"①。电视媒体与新媒体的互动根植于先天社会功能的互补关系,也进一步建构了新的互补关系。

三、传播特点的差异化

电视传播与网络传播具备原生差异性,这种差异关系是二者能够共生共存的媒介本质需求。互动过程是不断寻求互补的过程,也是明确差异的过程,基于差异性的互补关系才能巩固二者的发展优势。

从内容上看,由于主体身份的不同、使用群体的偏向性,传统电视媒体和网络新媒体在媒体姿态与内容选择上都有很大的差异。以社会效益为首任,以全体民众为服务对象的传统电视,在内容选择和节目安排上,相较于网络媒体而言,是相对保守和普适的,不能过分追求娱乐化、个性化。而以商业利益为首任的网络媒体则不然,网络文化本身主要是年轻人追求的文化,具备非理性的特点,有思想、有个性的年轻人是其追求的主要用户群

---

① 王长潇、李爽、耿绍宝:《视频媒体会聚型融合平台的发展模式》,《当代传播》,2016 年第 4 期。

体，因而，无论是高额投资购买的还是自制的产品，都更具年轻态、娱乐性和个性化。新一代媒体出现以前，网络将是年轻人的代言人，网络作为一种媒介，可以保持长久的最年轻态，而人却不可能。就社会和人的发展规律来看，既需要普适性的文化产品，也需要开放性的文化产品，新媒体能够弥补传统电视创新性不足的问题。

另外，传统电视媒体的大众性以及教化作用是不能完全被网络新文化取代的。从终端来看，如果将媒体按照家庭和个人来划分，传统电视是家庭性媒体的代表，新媒体则是个人性媒体的代表。按照保罗·莱文森的"媒介的补救性"理论，"新媒介对旧媒介从来就不是取代关系，而是完善和共生的关系"[1]。当互联网出现、数字时代来临时，广播电视被动观看、稍纵即逝、互动性不足的缺陷得以弥补，电视媒体带来的真实世界里的伴随与互动、期待与满足、共享与分享的家庭性越来越凸显。而"这些家庭性特征恰恰成为传统电视媒体的优势，甚至将成为其生存下去的根基"[2]。新媒体则是更加个人化的媒体，如果只是通过纯粹意义上的网络终端、移动端获取信息，屏幕的大小就已决定了它更适合个人行为。例如，芒果TV的网络综艺节目《明星大侦探》把智能电视作为节目的播出平台并走向大屏，节目的受众或许没有特别大的改变，但观看节目的体验却会有很大的不同。过去街坊邻居围坐在一台电视机前观看节目是因为当时电视是稀缺资源，现在一家人坐在电视机前观看节目，则是源于人本身对现实中的陪伴、互动等情感维系的基本需求。于是，"电视媒体和新媒体是互动融合而不是取代关系也体现在了每个人对家庭空间和个人空间的双重需求上"[3]。

第二节　电视媒体与网络视频媒体的交合式互动

网络视频媒体的崛起给电视造成了巨大的冲击，互联网是开放的、分享的、互动的，传统电视是封闭的、空间性共享的、单向的，这样的本质差异使得业内和学界的许多专家将二者视为天然的敌人。近年来，二者在激烈的

---

[1] 王长潇、李爽、耿绍宝：《视频媒体会聚型融合平台的发展模式》，《当代传播》，2016年第4期。

[2] 王长潇、李爽、耿绍宝：《视频媒体会聚型融合平台的发展模式》，《当代传播》，2016年第4期。

[3] 王长潇、李爽、耿绍宝：《视频媒体会聚型融合平台的发展模式》，《当代传播》，2016年第4期。

第五章 媒介融合形成电视媒体的多边互动

竞争中似乎没有拿出你死我活的战斗力，而是在寻找共生共荣的发展道路中形成了特有的互动模式，电视与网络视频媒体在资源争夺战的同时，也进行着资源的共享。在新的市场条件下，"内容为王"不再是传统媒体的突围路径，而是成为新媒体提升自身竞争力的重要手段之一。"内容为王"因此发生了意义上的嬗变，一方面，内容的形式更加多元化，扩大了原有优秀内容的内涵，互动性、参与度都成为内容的重要构成部分；另一方面，高质量节目内容的制作主体、发布主体不再仅仅是电视媒体，传统电视台的内容优势正在弱化，而网络自制内容的社会影响力则在逐渐提升。"在互为市场、互为渠道的情态下，二者在内容生产方面的距离将越来越小"[①]。电视媒体与视频媒体的互动方式，是交流与合作并举的交合互动。

一、内容生产多样化，互为传送模式

视频媒体已经打破作为电视内容的再传播渠道的生产生存模式和固有内容输送模式，开始在内容生产上与电视媒体竞合，高质量内容成为它们共同追求。例如，搜狐视频自制网剧《他来了，请闭眼》成为第一部网络平台向传统电视台反向输送的影视作品，而《蜀山战纪》台网同步播出，这些变化都在突破新媒体作为传统媒体内容分发渠道的固有内容输送关系和融合模式，电视和网络视频媒体向互为渠道的模式迈进。网络媒体一方面购买优秀的电视节目资源，另一方面积极发展自制产品，培养自身的王牌内容，逐渐改变了对传统电视台节目过度的依赖关系。2015年开播的乐视网自制电视剧《太子妃升职记》力压同阶段电视台播出电视作品，成为首部引起现象级反响的影视剧作品，在开播一个多月的时间内总播放量超过25亿人次，乐视网不仅迅速收回了成本，而且营利1亿多元。《太子妃升职记》未必是一部优秀的影视作品，但确实是一部成功的影视作品，成功吸引了观众的注意力，产生了商业价值，将自制剧产品发展推向高潮。传统电视台也纷纷邀请该创作主创人员参加相关访谈、综艺节目，成为该剧二次传播的宣传渠道。

美国哥伦比亚广播公司研究总监大卫·波尔特拉克认为，电视台正进入一个黄金时代。他的推理依据是，"技术发展极大拓展电视台的节目分发渠

[①] 王长潇、李爽、耿绍宝：《视频媒体会聚型融合平台的发展模式》，《当代传播》，2016年第4期。

道和内容增值空间"①；与此同时，电视也可以成为网络内容的传播渠道，提升网络自制内容的增值空间。网络自制内容的成功，《太子妃升职记》虽然不是开端，但可以说是一次突破与爆发。优酷视频 2013 年首播的《万万没想到》，2015 年拍摄成同名电影，从网络迷你剧走向大荧幕。搜狐视频 2012 年开始制作的《屌丝男士》，在观众积累的基础上，于 2015 年拍摄成电影《煎饼侠》，票房 11.59 亿元。这些成功案例充分说明，"网络文化经过时间的积累，开始更多地走进现实公共领域"②。近几年，网络自制综艺节目也飞速发展，爱奇艺上线的中国首档说话达人秀网络自制节目《奇葩说》上线后，两个小时总播放量突破百万人次，成为首档问鼎微博热门话题榜的节目，并超越电视综艺节目，它的成功"一方面在于每一期节目的浏览量很高，另一方面则在于其所多次引发的热烈的社会讨论，堪称现象级综艺节目"③。

二、互为传播渠道，共建融媒体平台

从渠道上看，电视与网络视频媒体互为传播渠道，建设"小生态"融媒体平台。如，湖南卫视将"节目播出"转变为"内容分发"拓展播出渠道，节目资源利用最大化，通过建立网络播出平台芒果 TV 发展的"直销直营"传播模式而获得成功，"一云多屏"的立体传播体系和商业化未来图景基本形成，成功打造了湖南卫视的融媒体平台。芒果 TV 互联网电视用户一年增长 13 倍，VIP 用户的付费总金额突破千万元，开发的终端产品出货量以及激活量占据终端市场 30% 的份额，居业界领先地位。在推出的近 80 款机顶盒产品中，"芒果嗨 Q""芒果乐盒""芒果冰"等产品成为明星销售产品，其网络综艺节目《明星大侦探》不仅可以通过 PC 端和手机端观看，而且智能电视用户可以通过下载芒果 TV 或在微鲸电视观看这档节目。作为传统电视台中的领军卫视，湖南卫视打破固有传统电视台内容输出模式，以完善的产业结构布局和产销一体化模式依托自身内容优势建立起一个融合生态平台，形成了完备的产业链。湖南卫视自身已经逐步发展成为一个会聚型平台，在实现"一云多屏"的同时，也在实现"一屏多看"，电视机成为直播

---

① 李宇：《传统电视与新兴媒体：博弈与融合》，中国广播影视出版社 2015 年版，第 76 页。

② 李宇：《传统电视与新兴媒体：博弈与融合》，中国广播影视出版社 2015 年版，第 76 页。

③ 田芸泽：《网络自制节目〈奇葩说〉成功之道分析》，《东南传播》，2015 年第 7 期。

与点播并存、电视信号与网络共存的服务平台。在商业媒体中,乐视网的"平台+内容+终端+应用"的模式同样是平台意识的体现,在自身的产业链中形成了完整的生态。

湖南卫视可以说是会聚型融合的成功实践。单一媒体系统内的会聚融合,是促进自身发展的有效途径。如果从媒介分工和产业功能配合层面来看,媒介平台将扮演一个综合服务提供商的角色。伴随着融合,电视媒体与网络新媒体的互动有可能在未来建设有益于整个产业可持续发展的、开放多元的会聚型平台。

三、以共生为基础的合作式关系

网络媒体与电视媒体,既是一种交流关系,也是一种合作关系。交流体现在购买模式下的资源互通上。购买模式从最初的电视台输出、网络媒体购买,到网络媒体自制内容大发展,在2015年实行反向输送、网络首播、台网同步播出等新模式,打破了原有节目资源单向性流动,实现了节目资源的双向流通。合作则体现在互补上。网络媒体不仅为电视节目的再传播提供渠道,也为大量原生电视节目花絮、幕后提供了播出平台,成为电视节目内容的补充。例如,网络平台芒果TV独播的《大本营的秘密花园》是《快乐大本营》的衍生节目,该节目是以"演绎+纪实"的表现手法,利用台前幕后的资源形成节目正规播出内容的衍生节目。另外,一些现象级网络节目仍属于亚文化范畴或网络文化范畴,不适合在公共电视平台播出,电视媒体则通过邀请主创参与现有节目,实现热门共享,也为网络节目进行二次大众性宣传。以内容为核心的交合,最直接的影响即为对内容质量的高要求,在电视台实现高收视率的同时,也在网络中实现高点击量,而高点击量、高质量的网络节目又反向输送到电视台,或者以主创参与高收视率的电视节目等形式,从而实现了双赢。

电视技术与网络技术的融合实现了网络技术对丰富与完善电视功能的反哺性互动形式,广播电视网与互联网的连接能够实现电视节目的点播、分享、转载评论、互动娱乐等功能。智能电视的发展使丰富的网络节目进入了电视终端,使电视成为直播与点播并存、信号与资源库共存的载体,从而打开了网络资源进入电视媒体的通道,丰富了电视观众的选择。

第三节　电视与社交网络媒体的补益式互动

网络社交媒体的大发展，不仅将用户吸引到社交平台上，而且因其不可忽视的渠道型、传播性、开放性特征，也将电视媒体吸纳进来，成为社交平台上的一员，并根据自身节目的传播需求，采取一系列社交化的运营手段，吸引社交平台上的用户观看、讨论，以及参与到节目当中。电视媒体或用户对热点、高质量节目的再编辑与再传播，也极大地丰富了社交平台的信息量和信息吸引力。

一、电视媒体的社会化生存诉求

年轻受众对网络的依赖，带来了电视收视习惯的变化。人们习惯于在观看电视的同时，使用智能手机、iPad 等移动终端设备进行网络活动。社交媒体改变了电视受众的收视习惯，并为传统电视媒体丰富消息源头与拓展沟通渠道，社交网络媒体的大多数热门话题也来源于传统电视的传播内容。传统电视不仅是提供休闲娱乐内容服务的工具，也成为一家人之间的社交中介，"客厅文化"也由此产生。互联网的普及，使得人们不再满足于家庭内部的互动与社交、与身边的朋友的互动与社交，而是在更大范围内与更多的人讨论、交流、互动。适应用户的媒介使用习惯的变化，是电视媒体不得不面对的问题，即如何在巩固电视在客厅中的"仪式化"地位的同时，与更大的社交网络媒体联动，实现对观众的凝聚和吸引。

社交网络专指依据六度分割理论建立的网站，是一种帮助人们建立社会性网络的互联网应用服务，以认识的朋友为基础，结识朋友的朋友，扩展社交圈子。国际上流行的社交网络有脸书、照片墙（Instagram）、推特（Twitter），国内目前影响力大、用户多、较为主流的社交网络为微博和微信。微博是综合型互联网社交应用，它集微博客、社交网络服务、相关网络应用功能于一身，微博是基于有线和无线互联网终端、供其他网友共享的即时信息网络。微博不同于传统的社会化媒体，其具有更鲜明的互动性、即时性、自媒体性和社交性。从内容发布角度看，用户可以通过微博服务平台发布原创文本、图片、视频、网络链接等多媒介内容；从社交关系的角度看，用户可以通过关注、评论、转发等互动行为与其他用户建立联系，形成巨大的社会网络。互联网有六度分割理论，微博平台上的信息"只要具有穿透六类不同人群的能力，便会在多群体的转发中到达全球互联网的每一个角落。这是

第五章 媒介融合形成电视媒体的多边互动

一种类似于核裂变式的传播效能"①。微博所具有的集成平台的性质，使它聚拢了大量的信息内容，吸引了大量的用户，其中的活跃用户覆盖了各大行业领域。微博在新闻舆论、综艺娱乐等方面保持重要影响力的同时，其触角在体育、财经、旅游等领域也得到进一步的延伸，微博的平台性作用也进一步得以彰显。

现阶段，传统电视台、网络视频媒体、视频媒体制作的栏目、电视剧剧组等基本都设置了相应的微博账号。央视以及20多个省、5个自治区、4个直辖市的卫视等均开通了卫视官方微博，63%的省级卫视粉丝数量过百万人，热门电视节目均开通了官方微博，十余档节目的粉丝量过百万，其中湖南卫视《快乐大本营》的粉丝数量已超千万人。在电视剧方面，不仅电视剧组本身开通官方微博，电视台也开通了专门的电视剧板块官方微博账号，诸如东方卫视电视剧、安徽卫视剧乐部、青春剧透社（湖南卫视电视剧）等。移动互联网时代社交媒体的大发展，不仅将个体纳入这一平台，也成为电视媒体新的竞争场。微博已经成为电视台、栏目、剧目宣传的标准配置渠道以及电视跨屏传播的重要平台。通过上述内容不难看出，电视台对社交网络的重视与应用，充分体现了电视媒体主动的社交化诉求。

二、社交媒体成为传播渠道的补充

微博中组织机构账号不断增加，微博正从满足人们弱关系的社交需求平台逐渐演变为大众化的舆论互动平台。电视台是开设官方账号最多的媒体类别，"栏目微博更是为传播者与受众之间的良性互动创造了空间"②。为了更好地利用这一互动平台，电视台转变运营思维以适应微博的传播特点，采取更具社交性的运营手段，充分利用社交网络的传播优势，制定相应的节目内容周边产品，例如节目预告、幕后花絮、话题互动等，从而丰富了节目的外延互动，并有效地增强了节目的影响力和传播力。

由于社交平台的运营模式还处在发展阶段，并未成熟，且微博的综合性与用户的庞大性，对微博运营手段的研究显得十分复杂。本部分采用内

---

① 喻国明：《微博：一种蕴含巨大能量的新型传播形态》，《新闻与写作》，2010年第2期。

② 王偲：《微博对提升电视节目传播效果的作用——以〈爸爸去哪儿〉节目官方微博为例》，《广告大观》，2014年第1期。

容分析法,对节目官方微博运营情况较好的《快乐大本营》两个播出周期的微博内容进行数据采集分析,以了解节目微博运营情况、用户参与情况,总结社交化运营互动特点。《快乐大本营》微博平台已经成为电视栏目宣传的重要阵地,在其官方微博日常发布的内容中,节目预告占比68%,且具体可划分为环节宣传、普通预告、创意编辑、节目花絮、互动话题、其他节目宣传等六种细分形式,通过动图、文字、图片、小视频等多种传播方式包装,弥补了电视预告形式、预告播出条件的不足,且符合网络文化短、平、快等特征。用户参与方便、反馈度最高的是点赞的方式,其次是转发,转发使得内容可以呈现在相关用户的主页上,关注这一用户的粉丝能够浏览到转发的内容,可以在不花费渠道费用的同时实现传播广度的自发式最大化。现阶段,社交媒体已经成为电视媒体的重要宣传阵地,也是节目内容发酵的重要媒介场。而在未来,两种媒体可能开发更深入的互动与合作模式。如,美国付费电视频道 HBO 在脸书上播出两部新电视剧《球手们》(*Ballers*) 和《政局边缘》(*The Brink*) 的首集内容,流媒体公司亚马逊(Amazon)也将喜剧《大祸临头》(*Catastrophe*) 的试播集由公司旗下的 Amazon Video 播出改为用脸书播出。可见,未来,社交媒体将不仅成为电视媒体的补充性传播媒介,而且极有可能成为视频内容的重要播出渠道。

三、社交媒体提供的反馈与供给

电视对微博的应用不再停留在发布预告花絮、吸引用户关注的运营层面,而是开始接纳和采用开放共享的思维,有些节目已经利用微博吸引用户参与到节目制作中,对用户反馈进行有效利用。如,湖南卫视大型青春周播栏目剧场《青春进行时》的首播剧《只因单身在一起》拍摄了两种故事结局并在微博上进行双结局票选,由粉丝投票决定播出哪种结局,参与人数多达 11 万人。这一剧场在内容制作方面一直延续社交化的方式,边拍边播,且植入活动化的话题。在与观众的互动方面也有很大的突破,观众通过互动渠道与剧场互动,可以参加剧组见面会,去剧组探班,投票决定使用哪组明星,提前体验粗剪成片并且反馈意见,客串角色,评估建议剧情走向,等等,为有反馈、参与、互动欲望的观众开辟了通道。在电视剧播出过程中,进行有效互动了解观众想法,安排相应播出内容,这一模式也被许多电视剧、电影确定角色人选时使用。

四、以用户为中心的社交化关系

"用户行为的社交化"是电视媒体与社交媒体补益互动体系的中心。同一节目的观众在互联网上能够交流、讨论，拓展了电视的客厅交流场与亲朋好友茶余饭后的交流场。用户的能动性在社交网络平台上极为凸显，在"社交"的概念下，以往的普通大众成为传播主体中的一员。电视内容的再生产与再传播成为许多个人或自媒体博得更多社交关注的手段。新的交互交流模式的产生使用户的表达更具创造性，使节目具有了更大的再生产与再传播的空间。资深的电视迷们大多热衷于社交网络的使用，一方面，社交网络上电视社交化运营带来的海量花絮、幕后资讯、周边产品拉近了他们与内容的距离；另一方面，点赞、发表意见、评论、讨论、转发，个性化的编辑制作也成为社交网络用户获得更多关注的社交工具。

关注度较高的电视节目在播出时和第二天登上微博热门话题是一种普遍现象。电视的社交化互动并非用户与电视媒体这一单一维度的社交互动，还包括用户间以电视内容、电视评论为内容中介的社交活动。用户在观看电视节目的过程中，将正在观看的节目与个人评论分享到微博等社交平台，这些内容成为后续发酵的第一手资源，例如有些普通用户通过图片或视频形式直播国外电视台播出的节目而获得大量关注。用户生产传播的优秀内容不断在社交网络上发酵，为电视节目带来很大的增值空间。一些普通用户也因为自身的再创作与再传播受到大量其他用户的关注，进而成为网络红人或者走上网络自媒体道路。用户的创意评论、创意节目编辑制作与电视官方发布的创意节目花絮、宣传等内容多维互动，共助电视社交化互动体系下电视节目社交舆论影响力的提升。在社交思维的驱动下，许多普通用户自然结成社团、粉丝团等，在开放的社交网络环境下，形成兴趣化、同质化的网络群体，并进行线上线下的交流活动，进一步强化社交效果。与此同时，也出现了一些将电视内容与社交元素相结合的产品，例如App"小咖秀"就是将电视资源用于社交活动思维的产品，它将大量人们熟知的电视节目内容音频发布到平台上，用户通过配合音频内容录制"小咖秀"影像，并发布到"小咖秀"的平台或其他社交平台，吸引其他用户的关注。

一方面，社交化的互动方式增强了优质电视节目在形式、时效、内容和效果上的影响力；另一方面，电视内容与资源成为其他媒介的工具或社交工具，使电视在电视互动体系中丧失了中心地位与主导权。电视社交互动意味着电视角色的转变，代表了电视传播体系"去中心化"的发展趋势。在台网互动模式时期，社交互动成为电视互动的主要模式，而在电视互动的下一阶段，电视媒介将和其他媒介协同发展成为更为复杂的媒介体系，共同生产构成电视节目内容，进而形成具有前瞻性与未来性的融合发展的电视互动方式。

第六章　媒介融合促进电视全媒体转型

全媒体显然是比网络电视台含涉更广的一个概念，业务内容与发展指向也比网络电视台更为丰富和深远。在以数字化、网络化为技术基础的新兴媒体席卷而来的现实背景下，"广电行业也正式迎来一个全新的阶段——全媒体时代。国内有不少传统媒体纷纷将全媒体作为发展口号，如'打造现代化全媒体集团'、'实施全媒体战略'、'采取全媒体一站式营销'……"①也就是说，选择向全媒体化转型、构建全媒体格局已成为促进电视媒体发展策略的重要共识。

第一节　电视全媒体转型的内涵

全媒体的提法与概念形成最早来自报业。2006年9月颁布的《国家"十一五"时期文化发展规划纲要》和2007年11月颁布的《新闻出版业"十一五"发展规划》两个文件确立了"国家数字复合出版系统工程"，该工程包括"全媒体资源服务平台""全媒体经营管理技术支持平台""全媒体应用整合平台"等项目。这是全媒体概念作为媒介发展方向在我国首次以官方文件的形式正式提出。

在报业全媒体转型的带动下，广电和出版等传统媒体也逐渐向全媒体转型。2008年，中央电视台对北京奥运会的转播采取了全媒体传播，电视、网络、手机都成为奥运会转播的渠道，观众可以通过全媒体观赏奥运直播或转播。2008年北京奥运会期间，中国广播网实现了中央电台所有奥运报道广播信号同步网上直播，创建了图文并茂、音视频同步多点互动直播报道的新模式，尝试广播频率、门户网站、有线数字广播电视、手机广播电视、平面媒体五大终端的融合。

可见，"全媒体"概念诞生于媒体业务的实操层面，其先于媒体融合而提出，并在推动媒介形态专业化和服务方式多元化方向上进行了先期探索。

---

① 王勇：《媒介融合背景下我国广电全媒体发展研究》，武汉大学博士学位论文，2013年。

简而言之,全媒体就是媒介主体运用多种手段、多元平台来构建综合传播体系的发展战略。

一、全媒体内涵的多种解读

业界的全媒体实践是危机下的自觉,也是自我革新的使命。相较于业界的积极探索和实践开展得如火如荼,国内学界关于全媒体的研究才起步,众说纷纭,缺乏一致。如,新华社课题组对全媒体的界定是:"综合运用多种媒体表现形式,如文、图、声、光、电来全方位、立体地展示传播内容,同时通过文字、声像、网络、通信等传播手段来传输的一种新的传播形态"①;有学者认为全媒体是指"一种业务运作的整体模式与策略,即运用术语媒体手段和平台来构建大的报道体系"②;等等。从总体上看,全媒体不再是单落点、单形态、单平台的,而是在多平台上进行多落点、多形态的传播,报纸、广播、电视与网络是这个报道体系的共同组成部分。

烟台日报传媒集团原社长郑强认为,"全媒体就传播途径和传播介质而言,是媒体形态的一种复合,它包括报纸、广播、电视、网络、手机、户外视频、电子纸移动报等多种媒体形态"③。

姚君喜和刘春娟认为,"从广义上看,全媒体是指对媒介形态、媒介生产和传播的整合性应用。从狭义上看,全媒体是指立足于现代技术的发展和媒体融合的传播观念,综合传统媒体与新兴媒体,在媒介内容生产、媒介形态、传播渠道和传播方式、媒介运营模式、媒介营销观念等方面的整合性运用"④。

支庭荣从媒体经营创新的角度,将全媒体定义为"建立在数字化和网络技术不断完善、用户群体高度互动和各类终端功能协同基础之上的传媒组织的持续经营创新。这种创新是广义的、开放式的、无止境的。全媒体的含义不是拥有所有节点,而是可增加无限多节点。技术和用户本身的交互是创造的重要源头。过去媒体是'万物皆备于我',现在媒体是'一生二,二生三,三生万物'"⑤。

---

① 新华社新闻研究所课题组:《中国传媒全媒体发展研究报告》,《科技传播》,2010年第2期。
② 彭兰:《媒介融合方向下的四个关键变革》,《青年记者》,2009年第2期。
③ 吕道宁:《解读烟台日报传媒集团全媒体模式》,《今传媒》,2010年第4期。
④ 姚君喜、刘春娟:《"全媒体"概念辨析》,《当代传播》,2010年第11期。
⑤ 支庭荣:《网络聚合、社区互动与增值运营》,《新闻与写作》,2009年第11期。

第六章　媒介融合促进电视全媒体转型

以上专家和学者对全媒体的解读充满了创造性和个性化，也由此看出给全媒体下一个确切的定义是比较困难的。笔者在此强调的是：第一，公信力依然是全媒体的核心价值，依然要注重媒体公共服务、舆论引导的本质；第二，全媒体应具备之前媒体所不具备的特性，比如开放性，如互联网平台那样能够为需求方和满足方提供对接，进而能依托全媒体实现商业增值。

二、电视全媒体的内涵

当下，报业和广电都在积极寻求各自的生存发展空间，也在积极利用新媒体技术构建全新的传播格局，但由于二者拥有的资源不同、传播模式不同，因而二者在全媒体战略的实施过程中的做法必然有别。首先要看到，所谓的电视全媒体，就是指电视媒体在新的媒介环境下，以数字化、网络化技术为基础，以电视本身的视听内容制播为根基，以提升传播影响力和经济效益为根本落脚点。基于在吸纳融合新媒体渠道的过程中构建开放的资讯服务平台，对电视全媒体的认识可以进一步分解为以下几个方面。

首先，电视全媒体脱胎于电视广播等媒体，这意味着电视全媒体是电视等传媒的延伸和进化，必然富含广电特色。也就是说，电视全媒体要更加强化自身在视听生产、制播方面的天然优势，在新媒体环境中，用更专业、更优质的音视频内容引领行业潮流。

其次，电视全媒体要超越电视单一媒体的构成，这意味着电视全媒体应积极融扩网络新媒体在内的多种渠道。实际上，自从1999年开启集团化进程之后，各地业已成立的广电集团已经富含广播、报纸（广播电视报）、网站等多媒体渠道，只不过还没有很好地形成传播合力。所谓"集而不合"，这在前互联网时代无关紧要，但在互联网出现之后，各个分散的"勇兵"难以独立应对，故应对这些资源做深度的整合。

再次，加强电视全媒体的开放。以前的电视媒体不够开放。当然，事关舆论导向、新闻制作的部分是不能开放的，但只是单向传输再也难以满足不断变化的媒体环境。电视全媒体要从这个切入点做突破，把媒体服务转变为综合信息服务，需要重新锻造开放式的信息平台，在内部打通各个生产线，实现资源共享、集约制播，在外部实现受众与媒介的多重互动，这是电视全媒体的战略目标。

最后，电视全媒体归根到底还是党媒，要有鲜明的党性，这是广电媒体与民营互联网企业的本质区别。因此，一方面，要做好公共服务，做好舆论引导，实现"双力"（传播力和公信力）提升；另一方面，追求更大的媒体市场价值的实现,着力实现媒体社会效益和经济效益的"双效"。

第二节 电视全媒体与媒体融合的关系

媒体融合是媒体发展的自然趋势,它包括技术、制度、终端、渠道和市场等多层次与多方面的融合,最终达到媒介产业融合,实现媒体形态"你中有我、我中有你"的态势。

一、媒体融合是电视全媒体的依据和基础

媒体融合实质上是多种媒体的共融共生,促使不同媒体相互合作与渗透,最终诞生新型主流媒体,而且追求覆盖多样受众。所以,媒体融合是一种宏观趋势,是媒介发展的终极目标。而电视全媒体是指依托电视媒体的音视频内容,以视听业务为核心,以我为主,利用其他传播渠道、技术构建开放的信息平台,旨在更好地满足同一类受众的需求,形成"一云多屏"式的新型传播格局。"从传播方式上看,媒体融合是信息在多种媒介中的各种变身——从文字到声音甚至影像,而全媒体传播的则是多功能信息集成,它可能既是文字,又是声音和图像"[1]。

众所周知,媒体融合首要强调的是物理层面的技术交融,这是一切变革的前提。从这个角度来说,全媒体是媒体融合的初级阶段,因为全媒体注重的就是技术改造,包括建立融合内容生产的技术改造,实现内容多渠道分发的技术保障,建立全媒体信息平台的技术基础,等等。可以说,没有媒体融合就没有电视全媒体。以数字化、网络化为基础的媒体融合已经成为当代传媒发展不可阻挡的现象和趋势,媒体融合为电视媒体传媒向全媒体转型发展提供了依据和基础。

二、电视全媒体是应对媒体融合的策略选择

媒体融合为用户提供了更多接触音频、视频信息的机会,用户通过电脑、平板、手机等终端可以方便地点播音频、视频信息,操作的便捷性和选择的丰富性让用户更加主动,真正成为信息传播的中心,用户的行为习惯逐渐改变,这对单向线性传播的广播和电视提出了挑战。在此背景下,媒体融

---

[1] 吕岩梅、董潇潇:《全媒体——广电媒体发展的方向》,《电视研究》,2011年第10期。

合为电视媒体向全媒体转型提供了契机。电视媒体向全媒体转型能够带来以下三个方面的直接效益。

一是增值效益。电视媒体花费了大量资源制作的内容，往往经过一次播出就不再使用，造成了极大的浪费。电视全媒体要求集约化生产、共享内容资源、内容多渠道分发，从而有效提升了资源的使用效率，全媒体综合运用多种传播手段，可以实现传播覆盖的最大化，弥补了单一媒体形态的不足。

二是创造了新的发展机遇。每一种新出现的媒体形态都会形成一个新兴市场，IPTV、互联网电视、楼宇电视、手机电视、移动电视等都已经验证了这一点。而电视全媒体在巩固电视终端的基础上，还可以向电脑、平板、手机甚至汽车等其他终端拓展，这对电视媒体而言，是一个转型和业务重塑的发展机遇。

三是创新了盈利模式。广告是电视媒体的主流盈利模式，但电视媒体的广告增长逐年趋缓，近年，在马太效应作用之下，大部分电视台更是遭遇了广告瓶颈。而电视全媒体却有机会创造出多种盈利模式，例如，可以向用户提供定制的内容服务，从而让内容具有销售价值；可以向广告客户提供精确的用户数据，从而让精确的营销成为可能；可以在全媒体信息平台上提供增值服务，如教育、游戏、购物等，从而开拓增值服务的盈利模式。

综上，电视媒体向全媒体转型不仅是顺应了媒体融合的趋势，而且有助于解决电视媒体发展中的现实难题，"传统媒体热衷于发展全媒体的深刻内因源于中国传统媒体被久久压抑的发展本能，全媒体是没有正常发育的中国传统媒体在努力谋求适合自身生存、强大的一条路径"①。

第三节 电视全媒体转型的层面与路径

一、电视全媒体转型的层面

电视全媒体转型的层面主要体现在"渠道扩张""渠道互动"和"内容分发"三个再造层面。

（一）渠道扩张

电视全媒体转型起步就是自建新媒体，即渠道扩张。比如，从1996年

---

① 吴自力：《全媒体热潮下的冷思考》，《新闻实践》，2011年第1期。

开始的电视台网站建设，从 2011 年开始布局的电视 App、IPTV 播控平台建设，等等，都是广电敢为人先、敢于探索的结果。可以说，电视全媒体最粗放的表现就是搞"圈地"建设和渠道扩张，想尽办法占领一切传播渠道，其结果是提高了内容的多次传播，提升了内容覆盖率，因此，渠道扩张的方向是正确的。在早期，加快新媒体发展，建设新媒体产业集群，成为诸多媒体的一致选择。如百视通早在 2005 年开始试水 IPTV，目前已发展成为全球最大的 IPTV 运营商，用户数超过 2500 万人，远超世界同行。然而，由于广电的人才结构并不利于自身发展这些新媒体业务，投入的精力和财力也无法支撑这些业务庞大的推广消耗，虽抢了先机，但大部分电视台并没有经营好这些业务。

（二）渠道互动

电视全媒体转型的第二层面就是渠道互动。要义是把自建的这些渠道有效利用起来，于是其他渠道开始充当电视媒体服务的角色，由此也诞生了类似"第二屏""小屏推大屏"等提法和概念。这样做，一方面，电视媒体的互动功能转移到手机为代表的移动终端，另一方面，通过诸多渠道铺设，可以让用户看到广电的更多精彩内容，并最终做出反哺，再次把用户拉回到电视大屏前。所有的渠道以及互动都是为了让用户打开电视，享受大屏带来的视听震撼和意义输出。

（三）内容分发

电视全媒体的第三层面就是内容分发。内容生产是所有文创产业的根本，电视媒体也是如此。在融媒时代，电视内容从频道化生存向栏目化、专业化生存转变，越来越多的实践证明，品牌化栏目和专业化内容会形成内容传播新高地，今天，广电的内容向新媒体渠道分发已经成为常态。对受众而言，他们并不在意《我是歌手》《欢乐喜剧人》《新相亲时代》等内容来自哪家电视台，他们只希望，无论在手机端，还是在电脑端，只要打开就能搜到和看到这些精彩内容，内容的品牌大于其渠道印记，从这个意义而言，电视全媒体意味着将内容分发再次升级，真正实现内容的"无处不在"。

以上三个层面，都需要广电部门在充分考虑自身现实的基础上进行业务重塑，都是需要结合天时地利进行的策略选择。

第六章 媒介融合促进电视全媒体转型

二、电视全媒体转型路径的运营实践个案①

从现实看，电视全媒体转型的路径是多元的，并没有形成统一的方案，都是广电人因地制宜、各自发挥智慧的自然结果。

2015年6月，首个混合全媒体"深圳广电融合新闻中心"上线。深圳广播电影电视集团（以下简称"深圳广电"）将"融合新闻中心"项目看作由传统媒体向融合媒体转型升级的标志项目，其目的是改变传统媒体"单一渠道采集、封闭式生产、点对点单向传播"的运作模式，向"全媒体汇聚、共平台生产、多渠道分发的新型制播方式转变。重点是理顺业务流程，实现符合融合媒体发展的流程再造"②。

深圳广电始于2009年开始酝酿向全媒体业务的转型。2010年，借助"三网融合""数字化整转"等契机，深圳广电率先提出"全媒体核心战略"，打造包括广播、电视、平面、户外、网络等多种媒介形态的传播体系和产业体系，并具体依托城市联合网络电视台、中国时刻网、IPTV、高清数字内容集成平台和全国3G手机电视内容服务平台等实现其战略布局，一度在广电领域引发了巨大反响，也引起了业界同侪的高度关注。深圳广电全媒体的媒介运营理念，顺应了文化体制改革的潮流，是媒体融合发展的必然选择，是做大做强现代传媒集团的有效路径。以下即从制播模式、机构重组、营销模式、服务方式和运营理念五个层面对深圳广电的全媒体发展做出全景式的考察与描述。

（一）制播模式变革——从多媒体采集到多平台分发

传统广电过去一直是面对单向传播渠道的一次性生产、点对面的单向传播，从生产端到播出端其实是一个单向的封闭系统。面对多样化的新媒体形态，尤其是日益增长的互动需求，这样的生产传播模式很难适应全媒体发展的客观需要。

深圳广电的全媒体战略主要就是要实现从"单一渠道采集、封闭式生产、点对面单向传播"向"多媒体采集、多平台生产、多渠道分发"的转变。

---

① 王建磊：《深圳广电集团全媒体发展报告》，《中国数字电视》，2012年第10期。
② 王建磊：《2015年地方电视台媒体融合发展报告》，强荧、焦雨虹主编：《上海传媒发展报告（2016）》，社会科学文献出版社2016年版。

1. 集团进行全媒体记者的使用与打造

首批招募的 50 名全媒体记者在 2011 年中国（深圳）国际文化产业博览会交易会和深圳第 26 届大学生夏季运动会期间发挥了积极、明显的作用，他们既为 DV 生活频道也为中国时刻网站提供了丰富的报道材料和多元的报道视角。在积累了一定的运作和管理经验的基础上，集团在 2012 年继续挑选和培育了 100 名全媒体记者，并有针对性地制定了全媒体记者的考核办法和激励制度，极大地提高了新闻生产效率和数量。这些全媒体记者不仅是电视台的记者，也是多媒体记者，他们在一些报道领域中进行合作，彼此分享信息资源，这种内容生产方式是集团在全媒体发展之路上的重大创举。

2. 搭建和运营多业务平台

深圳广电的传统电视平台、IPTV 集成播控平台、网站平台和手机内容服务平台等几大业务平台均已搭建完成，并进入良性运营状态。传统电视生产中心依托强大的内容创新力和原创力，不断推陈出新，形成编排合理、内容新颖、影响巨大的内容供应平台。IPTV 集成播控平台通过对影视剧、综艺、新闻节目资源的二次整合，形成互动性强、内容丰富、使用体验良好的"新电视平台"。中国时刻网通过聚合互联网热点新闻资讯、联合外部具有优势客户资源、市场资源的机构，生产具有网络特色的内容。城市联合网络电视台（CUTV）的做法则更为典型，作为一个城市联合台的网络平台，它在聚集各成员台电视节目的基础上，把碎片化的内容进行再整合，推出《微观天下》《24 小时直播百城连线》等一系列低成本的原创节目，直接嵌入和服务各成员台，实现了内容的多向输出。手机内容服务平台同样综合了各类媒体的精华内容，针对手机媒体形态做出适当的改进和设计，也形成了独特的生产方式。可见，这几大内容生产平台相互支持和内嵌，形成了良好的联动效应，加上中国国际新媒体影视动漫节、中国国际新媒体短片金鹏奖、高清数字内容集成商、深圳国家动漫画产业基地、新媒体文化产业基地、深圳文化产权交易所等活动和产业的支撑，使得深圳广电新媒体内容集成之优势凸显。

3. 建立完善的传播体系和渠道

在多渠道分发层面，集团已经建立起完善的传播体系和渠道。"除了覆盖 1450 万深圳居民，超深圳地区 50% 收视份额的地面六大频道和覆盖深港澳、珠三角和东南亚部分地区，占 70% 收听份额的四大频率传统渠道外，还拥有 6000 辆公交车，272 条公交线的 12000 个视频终端，每天 17 小时循环播放，日影响超过 800 万人次；深圳 2 条核心地铁线路的地铁视频终端；

中信城市广场、梅林关户外 LED 屏；遍布 400 多个场所超 3000 台的楼宇 LED 屏，以及广电总局唯一批准的电视台网站牌照中国城市联合网络电视台、国内 Alexa 排名 300 左右的中国时刻网、手机客户端 eTV、深圳 IPTV（200 万用户）"①。

（二）机构重组——打造全媒体融合中心

全媒体业务的铺展和实施对深圳广电的原有组织机构提出了调整和重组要求。按照全媒体业务流程，内容制作、渠道对接和整合营销应该是重构的三个重点组织，深圳广电根据自身实际情况，提出以全媒体融合中心的构建为突破口，首先整合广播、电视、报纸、新媒体等各种新闻和节目资源，建成可对接各种信源、网络、发布平台并能快速反应、即时多平台发布的全天候新闻生产、发布中心，然后在此基础上实现与各个平台（渠道）的业务、内容对接。

其具体的做法是：从频道制回归到中心制，将公共频道、都市频道、娱乐频道等分散的新闻类资源整合到全媒体融合中心，实现规模化、集约化生产；把原有采编不分的粗放式制作流程，变革为摄编分离、以编辑为主导的国际化新闻生产流程；以流程为主导，建立独具特色的开放演播室空间和新闻运作指挥管理环境；改文稿系统为新闻指挥系统，实现广播、电视、报纸生产网与新媒体生产网、互联网和移动通信网的实时交换、内容共享，并嵌入微博等社交网络功能；建立面向电视、PC、手机的分发渠道，实现新闻的多元化分发。

全媒体融合中心的目标就是搭建全集团共享的扁平式、开放式的新闻运作平台，在这样的组织框架下，实施统一采访，统一调度。例如，一个新闻现场的记者可以为不同平台、不同栏目、不同受众提供报道，一个编辑可以为不同的频道进行新闻制作，一个主持人可以在不同的演播厅播报新闻，也就是说，不管是采访、编辑、播出，还是新闻资料、采访对象、访谈嘉宾等资源，都处于一个开放的信息平台上，任何权限者都可在任何一个端点上使用这些资源。由此带来的后果是，内容可以无限扩张，但越扩张使用，其实际运行成本越小，而不是像传统架构那样，内容一旦扩张，新闻报道链上的各个环节的资源成本都要膨胀。可以说，全媒体融合中心就是以信息传播的最大化和人力成本的最小化为核心设计价值的。

---

① 王建磊：《深圳广电集团全媒体发展报告》，《中国数字电视》，2012 年第 10 期。

在推进全媒体融合中心的构建过程中,深圳广电集团还以此为契机,变革节目管理与考核机制,重构业务流程、技术平台和运行空间,即相当于对原有的丰富资源和深厚基础重新做了的梳理和调整,以优化自身机构,更好地适应新的媒体竞争环境。2015年6月,首个混合全媒体云"深圳广电融合新闻中心"正式建成投入运行。从运行情况来看,基本上实现了之前预期的所有目标。

(三)营销聚变——实现一站式整合营销

从2010年至今,深圳广电牢牢把握"全媒体"的发展主线,明确按照"从电视媒体到现代传媒集团跨越"的战略目标展开生产与经营。在全媒体平台布局趋于完善、各平台媒体实力日渐成熟的情况下,深圳广电广告管理中心在广告运营上进行了更进一步的大胆尝试,从广告购买角度在全国率先推出有实质资源做支撑、有清晰政策做指向及合作案例做基础的"全国首个一站式全媒体广告运营"模型,这与国内其他目前只停留在媒介类型、资源平台的扩张,而营销还处于单打独斗局面的传媒集团形成了最鲜明的区隔。深圳广电把这一战略浓缩为"聚·变":"聚"为汇聚强势媒体资源,迅速提升平台价值;"变"为洞察媒介发展变局,满足客户多变需求,并计划通过"三步走"战略实现媒体资源全覆盖:第一步,"电视+广播+移动电视+LED大屏";第二步,"车体广告+站台广告+楼宇LED";第三步,"网络+报纸+手持电视",以进一步拓展。

一站式全媒体整合运营平台的价值体现在三个方面:一是对深圳广电自身而言,通过主动聚合各种媒介类别,率先从单一媒介营销或跨媒介营销中脱离出来,进而提升集团的整体实力和竞争力,有效实现了对内容资源的深度利用。二是顺应了市场发展需求,并充分满足了广告客户的不同需求。对广告客户而言,通过一站式媒体资源和服务,可以根据其实际所需(资金预算、产品形态)选择不同的媒介形式或媒介组合,进而最大程度地提高其广告传播效果。三是一站式全媒体整合营销的方式敢做市场之先,无形中提升了集团的整体品牌价值,同时有利于提高沟通效率,与客户建立更深层次的战略合作关系。

经过近一年的实践,结合CTR(央视市场研究股份有限公司)提供的相关研究数据和分析报告,深圳广电对近50个品牌进行了跟踪监测和评估,综合分析到达率、接触频次等20多个基础指标后,提出了衡量全媒体营销效果的综合指数——BEST指数。四个字母分别代表了品牌知晓提升、沟通效率提升、销售量提升、目标观众占有提升等四个当前广告主营销最为看重的层面，同时也代表了集团进行全媒体整合营销的终极愿景——为广告主提供最优广告效果的平台。根据这些指标，进行全媒体投放比单独投放或分散投放 BEST 指数整体提升 30%，这一数据验证了全媒体整合营销可以全面有效提升广告效果。

除了在传统广告投放模式上开展的一站式营销，深圳广电也在积极探索多元的盈利方式，尤其在 IPTV、CUTV 等新兴媒体平台上，付费点播、精准营销、套餐服务、内容定制、电视购物、增值服务等新的消费方式也在逐步确立，其总的指导思想就是充分尊重全媒体业务的运作规律，根据不同终端的不同特性和用户的不同需求，建立科学、合理的获利方式和创收格局。

（四）服务方式——网台联动的全新情境

网台联动，指的是传统电视台借助互联网渠道进行内容传播和功能拓展，以及互联网借助电视台进行产品价值和公信力提升的双向促进过程。网台联动破除了由单一媒体带来的传播效果的局限，形成了电视媒体与网络媒体之间功能的互补和全景式传播，也为用户带来了新的服务内容和形式。

对电视台来说，拥有大量的内容资源是优势，但传统的节目内容、形式与播出时长又形成了一定的壁垒，"网台互动"则有效化解了这种局限性。如中国时刻网通过开辟"深圳大秀场"网络频道，把《年代秀》《大牌生日会》《宝贝赖上大明星》等优质综艺节目转移到网络上来，并通过场外采访、拍摄录制花絮等深入拓展、延伸娱乐资源。类似的做法既可利用原有节目的市场影响力，又能提供更多差异性内容，从而在互相借力的过程中进一步扩大品牌效应。

受竞争环境影响，电视媒体一直在增强自身的交互性，如增加搜索、定位、回放、社交等方面的功能。"网台互动"为这种努力提供了更为直观和高效的可能。如 CUTV，其遍布全国的城市台，每天可上线 300 多档原创栏目，生产超过 200 小时的自制内容，作为媒体联合体，其强势首先体现在可以从电视媒体获得优质的视频资源，减少内容及版权的压力，中国时刻网和 CUTV 的平台上都可以实现深圳广电所有电视频道内容的直播、点播、回看、搜索等服务。而网站社区、论坛功能的开辟，亦为传统电视提供了一个言论集中场和民意测验平台，对电视上有争议的节目、电视剧，可以引导观众到网站上发言和辩论，集中呈现意见表达；需要民意测验的新闻事件、投票可以利用网站平台进行，并反馈给节目使用；网站的互动社区要想更多地与栏目挂钩，包括发布信息、招募"达人"、发放录制门票等，都可通过节目连接网络与网民，增强用户的参与性。这些功能性服务，目前在两个网站上都已经实现并且取得了良好的互动效果。

（五）运营理念——从内容供应商到综合业务服务商

电视媒体仅仅把自身当作一个播出机构的时代已经过去，如今，在全媒体的传播格局下，电视的每一个接收终端都不是被动的"受众"，而是具有主动选择权的"用户"。因此，电视的受众观念将逐渐被用户观念所取代，传统电视的宣传功能向服务功能转型，只有把用户服务到位，满足用户的需求，才能赢得市场。

目前，深圳广电旗下已经有天威公司、深圳广信网络传媒有限公司、深圳市移动视讯有限公司、深圳时刻网络传媒有限公司、深圳中广公司等诸多市场化的经营主体，服务的范围涵盖了有线数字电视、宽带业务、IPTV、车载移动、网站等全方位的业务，其中几乎每一个经营主体都可以提供综合性的视听传播服务。

按照"三网融合""双向进入"的要求，天威公司积极拓展有线宽频业务，目前可提供"大众版（1M）"、"经典版（2M）"、"精英版（4M）"以及"E家游"（无线上网）等各种互联网接入产品，并在原有业务的基础上，推出了高清交互机顶盒上网业务，实现了数字电视与有线宽频两大业务的整合营销。2015年，为增加宽带在网用户黏性，提升用户体验，提高大带宽用户占比，公司再次推出了宽带免费升级活动。经过本次升级活动后，其主流宽带接入产品已提升至20M带宽，20M以上带宽的在网用户占比为90％左右，率先完成国家、广东省及深圳市2015年的宽带发展规划目标。2015年，公司有线宽频缴费用户数为28.67万户，较2014年底增加了3.1万户。

除此之外，天威公司还积极推动网络电视平台的个性化建设，以丰富网络电视内容，强化视频分享和互动交流功能，探索网络电视系统跨终端的融合应用。2015年，公司传输的高清频道达到49个，时移回看频道达到150余个，建成标清和高清的视频点播（VOD）库。同时，还引进4K超清节目，开设了《家庭院线》《沙发院线》栏目，进一步丰富了数字电视的增值业务。2015年，公司的数字电视应用增值业务体系已包含了电视游戏、电视教育、卡拉OK、休闲娱乐等多个模块，并积极探索各种盈利模式。

总结深圳广电的全媒体战略，不难提炼出这样几个关键词和关键动作：

第六章　媒介融合促进电视全媒体转型

"构建全媒体广播电视台""体制机制变革改频道制为中心制""生产流程变革实施采编分离""技术平台升级为新闻指挥系统""在统一物理空间下建设融合新闻中心"和"新媒体战略",这些举措实际上在其他广电机构中也或多或少地存在和实践着。

总体而言,在以"网络视听""移动视频""互联网电视""4G""5G"为关键词的新媒体环境的冲击下,广播电视观众被网络视频所分流,广告资源被新媒体渠道所侵蚀,媒体使用时间被类电视服务剥夺,因而,一些较早有忧患意识和创新精神的广电机构已经开始积极主动地寻求突破和转型之路。从网络电视台到全媒体战略,本质上都是广电发展新媒体甚至要变身新媒体的实践,而且其意图和目的是统一的:一是将广电的媒体属性向网络延伸,打造网络主流媒体;二是将广电的产业属性向网络延伸,培育战略支柱产业。这两个延伸与国家媒体融合战略的倡导与方向都是一致的,只是全媒体转型之路还没有走完,同侪仍需努力。

第七章 电视媒体融合新媒体发展的转型路径

在"三网融合"快速推进的背景下,如今的百度、搜狐、阿里巴巴、腾讯等头部企业都不惜重金投入开办网络视频业务,优酷、土豆、酷6等垂直视频网站加上以电信业运营的 IPTV 发展迅速。面对网络视频市场的激烈竞争,传统电视媒体在与视频业务相对成熟的商业视频网站以及其他非电视台视频生产机构进行横向联合的过程中,通过实施节目资源输出与输入策略,同时,借助在专业技术、人才队伍、知名品牌等先天优势,延伸了自身的产业价值链,增强了市场竞争力,扩大了社会影响力。

有了互联网时期互动融合的基础,电视媒体的未来将融入更大的媒介系统,即一个人性化、生态化、场景化集于一身的媒介生态系统,电视媒体与其他各类新兴媒体共建、共营的生态圈将成为未来媒介互动的主题。

第一节 电视媒体整合网络视频的策略与实践

网络视频凭借其网络终端的先天条件和技术优势,摒弃了传统电视媒体的时间、地域、容量、被动接收等限制,分流了电视媒体的内容、受众、广告等资源,弱化了电视媒体的社会影响力及市场占有率。然而,拥有节目资源、品牌口碑、专业技术、人员素质等差异化竞争优势的传统电视媒体,在竞争中找到了与其他网络视频媒体融合发展的结合点。

一、电视媒体与播客等民间影像资源的内容整合

国内传统电视对非电视机构生产影像资源的开发和利用始于 21 世纪初 DV 广泛兴起的年代,2001 年底,凤凰卫视《DV 新世代》栏目的开播,标志着民间影像与传统电视的正式"联姻"。紧接着,2002 年初,成都电视台率先在新闻栏目《每日报道》中推出"DV 新闻大赛"。DV 在新闻节目中的出现,不仅是新闻主体意识的一种转变,也是媒体遵从多视角报道新闻主旨的一种体现。之后,众多电视台相继开办了各种固定 DV 栏目,在这些栏目中展示了大量来自社会各阶层的具有原创性、实验性、纪实性的 DV 作

品。DV栏目的开办在丰富传统电视传播内容的同时，也有力地推动了民间影像的健康发展。时至今日，随着播客等更具广泛意义上的民间影像制作的进一步发展，传统电视对民间影像资源开发和利用的内涵及外延也在不断扩展。

与过去的DV民间影像不同，当今的播客等网络视频拥有与生俱来的网络传播渠道优势，形成了独立的传播体系，这样一来，传统电视就与播客等网络视频传播机构建立起更加广泛的合作关系。例如，福建东南电视台曾经整合网民自行摄制的视频短片推出固定日播电视栏目《播客风暴》，依托有中国YouTube之称的"土豆网"上的播客资源，与"土豆网"联手深度加工这些影像资源，在更多栏目和更大范围内加以传播。在美国，哥伦比亚广播公司（CBS）也播放YouTube网民制作的视频影片，该公司每周挑选出YouTube的5个短片放在公司网站上，再由评审委员会每季至少挑选出1个短片在电视上播放，目的是希望传统电视能结合自制网络视频影片的影响力以留住受众。实践证明，电视媒体兼收并蓄了大量来自民间的珍贵影像资料，让普通草根民众成为新闻传播的参与者，更重要的是在传统电视媒体与新兴播客等网络视频站点之间促成了一种更加专业、广泛、深层次的良性互动合作模式。

在传统电视媒体与新兴网络视频网站的合作上，播客不仅能成为电视媒体丰富的信息资源库，同时，借助其自身具有的开放性、分享性与交互性特点，还可以为传统电视提供一条畅通的信息反馈渠道，提供多元化新闻视角，打破传统电视的单一性格局，从而实现传播过程的循环与互动。与此同时，传统电视也以积极主动的开放姿态，借助播客线索挖掘深度新闻，扩大信息来源渠道及反馈渠道，培养民间记者队伍，以丰富自身的传播内容。对电视媒体来说，这既是一种主观上的积极主动，又是一种客观上的外力推动。曾经有一个统计数据，在全世界新闻信息的披露中，有70%左右的新闻资讯不是由专业新闻工作者、专业新闻机构提供的，而是由民间非专业人士、非专业机构提供的，也就是说在事实信息的提供方面，可能越来越多地是表现为多元化的参与。[①] 而播客的兴起也进一步表明，事实信息的提供越来越多地表现为多元化参与的深度和广度。

另外，由于拥有地缘优势和新闻获取接近性的便利，播客等民间记者使得许多市井社会新闻或突发新闻可以在第一时间得以报道，在时效性上往往

---

① ［美］丹·吉摩尔：《草根媒体》，陈建勋译，南京大学出版社2010年版，第105页。

超越传统电视媒体,而在报道形式上,民间记者的"平民式"的影像表达,更能够展现出传统电视媒体"专业化"影像表达所不具有的魅力,增强了新闻报道的个性和亲和力。如安徽电视台的《第一时间》、湖南电视台的《晚间新闻》以及辽宁电视台的《新北方》等众多新闻栏目,都广泛采用普通百姓拍摄的影像资料,并取得了良好的传播效果。电视新闻节目中播客等民间影像内容的不断增加,体现的不仅是电视媒体选择的一种眼光和态度,而且是电视媒体更好地借助专业和品牌优势培养草根记者、拓展信息渠道以扩大影响的一种积极进取的方法和行为。

二、传统电视与各类网络视频网站实施跨媒体合作

作为与线下电视最为相近的互联网服务,网络视频服务是使用最多的服务之一。市场化运作的民营视频企业之所以具有如此强大的生命力,除了资本的助推、经营体制的灵活性以及高度的市场化运作之外,还得益于我国电视行业发展的分散性结构。目前我国有 200 多家电视台,2000 多个频道,几千家影视制作公司,产业格局极度分散,这就为商业网络视频网站创造了难得的发展机会。例如,优酷网与一线媒体合作的伙伴已经有 260 多家,不仅包括上海卫视、北京电视台等主流电视媒体,而且包括中影、华谊兄弟等电影公司。其行业发展态势以及社会影响日益壮大,这也应验了麦克卢汉对媒介影响力的推断:"媒介的影响之所以非常强烈,恰恰是另一种媒介变成了它的'内容'"①。

而媒介"内容产品通常由三个层面构成:第一是独立的内容产品元素,主要包括文字、声音和图像,这些元素构成内容产品的创作素材;第二是内容作品的逻辑关系,主要构成是'创意',它是内容核心价值所在;第三是内容产品的集成,围绕内容产品的核心价值,可以生产出一系列内容产品,形成产品价值链或者产业链"②。从这方面的实践看,全球知名视频网站 PPLive 通过与上海文广集团、湖南卫视、凤凰卫视等众多电视媒体建立战略合作关系,使得全球近 1 亿的 PPLive 用户可以通过网络实时观看合作电视媒体的节目。一方面,其用户的选择面因此空前增加,另一方面,电视媒

---

① [加]马歇尔·麦克卢汉:《理解媒介:论人的延伸》,何道宽译,商务印书馆 2000 年版,第 35 页。

② 易绍华:《电视的活路:数字化背景下电视媒体的网络化生存研究》,厦门大学出版社 2010 年版,第 228 页。

体借助网络视频网站的传播优势,拓展了传播渠道,延伸了自身的产业价值链,从而实现了战略合作上的双赢。

与传统电视媒体相比,虽然各类网络视频网站存有数量上的强势,但不等于其传播内容和节目质量占优。"节目内容的匮乏,尤其是原创性节目内容的匮乏一直是制约这类网站进一步发展的瓶颈。其内容结构与美国的视频网站正好相反,影视剧资源占据 70% 左右,用户原创生成的内容仅占 20%多"[①]。我国网络视频网站上的原创内容不但数量少,而且在质量上也难以与传统电视媒体相提并论。这种情况恰恰提供给了传统电视媒体大展身手的机会,即充分利用高素质采、编、制作队伍,拥有新闻传播的主导权及专业品牌认知度高等方面的优势,借助各种网络视频网站的传播渠道和日益兴盛的人气资源,就能延伸自身的产业价值链,增强市场竞争力,赢得更多的受众。

除了实时输出节目资源外,电视媒体还可以借助网络视频网站的传播渠道盘活以往积累的影像资源。我国的电视事业发展了半个多世纪,经过几代电视工作者的奋斗,已经积累了丰富的影像节目资源,在强调"内容为王"的网络时代,类似这样的节目资源将是传统电视媒体手中一个强有力的竞争"筹码"。例如,中央电视台等近百家电视媒体与国内知名视频网站悠视网开展了内容整合播出和互动服务的合作,通过双方对电视媒体以往影像资源的深度开发和整合营销,电视媒体不但获得了在互联网上扩大其节目影响力的有效途径,而且通过节目内容的嵌入式广告获得了不菲的经济收益。目前,电视媒体所拥有的节目资源优势,恰好是网络视频网站在发展中的先天不足,双方如若搭建一条垂直整合节目内容的产业价值链,通过多次整合与开发,加上双方在传播渠道和受众人气的有效互动,就可以实现电视台品牌从传统媒体向多媒体品牌的延伸与市场价值的提升。因此,电视媒体实施跨媒体合作策略、盘活资源并与各种网络视频网站建立战略合作伙伴关系就成为一种明智的选择。

三、电视媒体与电信行业合作拓展移动网络传播

由于人类对空间位移便利性的永恒追求,为受众提供移动网络电视服务已经在广播电视和电信行业中全面展开。但目前"三网融合"中的行业利

[①] 易绍华:《电视的活路:数字化背景下电视媒体的网络化生存研究》,厦门大学出版社 2010 年版,第 173 页。

益之争、标准不统一导致传统电视媒体和手机等移动电视业务发展缓慢，而中国移动、中国电信、中国联通等企业在大力发展手机电视业务的同时，在IPTV建设方面也具有很强的竞争力。面对机遇和挑战，电视媒体如何开展手机等移动电视业务并在竞争博弈中保持优势，如何与电信行业进行战略合作实现互利共赢，已经成为传统电视媒体必须面对的现实课题。追根溯源，电视移动化的实践始于新加坡，2001年2月，新加坡人首先把电视安装在公交车上，启动了电视追逐观众、寻找观众的进程。电视机走出家庭，从固定的收视状态逐步渗透到移动收视状态，对室外空间的覆盖其实是对传统收视空间盲区的弥补。随着移动网络技术的进一步发展，"如果说第四媒体使人'黏'在网上，那么第五媒体则使网'黏'在了人身上"[1]。而手机电视就是使电视节目"黏"在用户身上的典型代表，因为手机电视满足了用户随时随地的收视需要。不难预测，未来的手机电视媒体将成为移动时代的"终极王者"，因为，"作为移动信息终端，手机是移动媒体移动化最重要的激励者，是适应人的生活方式变化的最重要的信息平台，也是传统媒体理念的最重要的挑战者"[2]。

市场营销领域有一种策略，被称为"资源互换"，即合作双方在不增加成本的基础上，以现金或股权股价方式向对方转让资源，从而形成共赢的局面。传统电视媒体与电信行业合作双赢的成功案例肇始于2006年凤凰卫视与中国移动在资本股权方面的横向联合。当年中国移动斥资12亿港元收购星空传媒集团持有的19.9%凤凰股份。根据双方签署的战略合作协议，中国移动和凤凰卫视共同开发与无线媒体内容有关的产品和服务，凤凰卫视以优惠的条件直接接入中国移动的网络，享受移动的用户资源，而中国移动则优先获得凤凰卫视的影像节目资源。随着5G时代智能手机用户群的不断扩大，传统电视媒体的节目资源优势正在促使节目资源相对匮乏的电信运营商以积极的姿态与传统电视媒体进行合作。当前，内容依旧是移动化媒体发展的瓶颈，由于电信行业内容制作不是其本行，即使与广电部门达成"善意合作"，广电部门以前制作的节目也必须在改造的基础上才能在手机平台上播放。从广电系统看，虽有能力制作节目，但缺乏市场运作经验和制作手机电视节目的积极性。对社会力量来说，手机电视业务的发展还处于萌芽时

---

[1] 朱海松：《第五媒体》，广东经济出版社2005年版，第13页。
[2] 陆小华：《新媒体观：信息化生存时代的思维方式》，清华大学出版社2008年版，第185页。

期，在盈利模式不明晰的情况下，还在犹豫不定地试探。这些因素正是导致当前移动网络电视节目供应的严重不足以及不能满足消费者对移动电视节目需求的根源所在。

面对机遇和挑战，传统电视媒体与电信行业既是竞争对手又是合作伙伴，以下三种合作模式应该成为主导未来市场竞争的策略："一是电视媒体变成无线运营商，即电视媒体不仅提供电视节目，同时从无线运营商那里购买数据为受众提供数据服务；二是电视媒体从无线运营商那里获得股份，这种基于用户订阅基础和营业收入分成基础的合作模式是电视媒体获得更大控制力的另一种竞合方式；三是电视媒体选择与无线运营商建立排他性的合作关系，这不仅有助于双方在短期内迅速占领市场，而且有利于双方进行可持续长远合作"①。

四、网络视频传播对电视媒体的影响

尽管新兴媒体与传统媒体在信息源、传播内容、传播方式、受众类别等方面有着很大的差异，但以强调互动、分享、自由表达与个性创作等传播特征的网络视频传播，不仅对传统电视的传统观念、道德规范、新闻价值观提出了挑战，而且对传统电视的受众观念以及媒介话语权等体制内容也产生了重要的影响。

（一）网络视频传播使传统电视的受众从客体变为主体

从信息制作的参与方式看，在社交网络视频分享传播时代，任何一个受众既可以是信息的制作者、传播者、接受者、消费者、把关者，也可以集这五者之中的几个或者全部角色于一身。从这个意义上说，以抖音、快手为代表的网络视频分享传播的出现使传统意义上的受众角色定位产生了质的改变，最突出的表现在于受众自制影像节目的大量涌现，这时的受众拥有随时发布个人见解、编辑个人节目、制作影像内容并将之传播出去的能力。受众只需一部智能手机，就能把自己想拍的影像拍下来，上传到网络上传播，甚至还可以开办一个属于自己的视频分享网站。以"Broadcast Yourself"——"广播你自己"的 YouTube 为例，最初人们只是把自己拍的家庭录像放到这个网站上和朋友分享，建立一个"和朋友分享生活点滴"的视频网站，视

---

① 易绍华：《电视的活路：数字化背景下电视媒体的网络化生存研究》，厦门大学出版社 2010 年版，第 215 页。

频的内容大多是孩子成长、朋友聚会、婚礼片段等生活细节的真实记录。随着网站流量和点击率的不断上升，越来越多的人开始上传自己专门创作的视频作品，并期望借助这个传播平台来表现自己、表达自己。于是，围绕视频的"上传"和"分享"，YouTube的用户可以通过电脑或者手机上传视频，上传后视频被自动转换为易于播放的视频格式，之后，用户则可以选择是将视频公开分享给他人还是将其设为私有。不仅如此，YouTube除了对单个视频的大小有限制外，对每个用户的存储空间几乎没有任何限制。于是，大众的电视变成了个人的电视，传者本位变为受众本位，大众化变为个性化，用户不仅变得自由，而且拥有了"自我"，这时的用户不单单是信息接收者，而且成为变被动为主动的信息传播主体。

（二）网络视频传播颠覆了传统电视媒体的内容制造权及社会监察垄断权

在传统媒体时代，传播权及内容制造权一向是掌握在传播机构的手中的，但视频分享传播的崛起颠覆了这个权力结构，开创了"全民视频分享"的新时代。这个转变的关键点在于促使"使用者主导的内容"进入社会传播的主流。在这种传播效应下，"使用者主导的内容"日见普遍。在娱乐节目方面，普通网民也可以当上导演制作节目，并在网上及电视上传播。十几年前的《一个馒头引发的血案》就是网民成为多重参与角色的例子。该片短时间内就在网上流传开来，成为网友议论的焦点，迅速风靡各大论坛和网站。就像《一个馒头引发的血案》的表达方式那样，人们在网络短视频传播时代的浪潮中充分张扬个性，而许许多多"自主表达"的个性将构成社会民主的整体概念。同样在新闻领域，公民新闻是由普通市民提供新闻信息，并由市民直接提出监督以及做出报道，反映了一些公民新闻网站已经颠覆了记者与读者的关系，开创了"人人可以当记者"的时代。另外，在传统媒体时代，公众一般把监督政府及社会的任务交给新闻媒体，由它们充当"政府守门人"，于是享有"第四权"地位的新闻媒体掌握了监督权，一般老百姓也要通过它去进行社会监督。但"自从有了YouTube等分享视频类网站后，网民可以把身边遭到的或见到的不公正事件直接上载到网站，从而掀起了全民监督的风气"[1]。

---

[1] 李月莲：《"YouTube现象"带来的社会颠覆与传媒教育范式转移》，香港《传媒透视》，2007年第3期。

（三）网络视频传播促使传统电视从业者的传播理念发生变化

在传播理念层面，网络视频分享传播冲击着传统电视从业者的观念意识和思维方式。传统意义上的媒体竞争意味着信息的简单获得，各媒体单位（电视首当其冲，报纸、广播等也不例外）为争得最具时效性的新闻且在最短时间内将之发回编排并传播出去可谓竭尽全力，总是配备最佳资源，而且安排若干梯队以接力方式传递。但在网络视频分享传播时代，这种劳心劳力、只为将人们早晚都会得到的新闻信息提前5分钟播出的"独家报道"式的竞争方式将不复存在的价值，因为网络视频分享传播会在眨眼之间为所有希望传递新闻的人将其所需传递的信息进行复制、输出和送达。这样，取而代之的是变线性传播为网状传播，如何从新颖的角度去分析新闻的要点、挖掘新闻的深度、拓展新闻视角的广度成为竞争的价值所在。这就要求传统电视从业人员不仅报道一个平面的事件，而是要在最短的时间里立体化地向纵深处用大量事实资料佐证和分析新闻事件的来龙去脉以及前因后果，这才是真正意义上的时效性竞争。为此，从业人员的思维方式应从传统电视传播思维逐步过渡到网络视频分享传播思维。与这种思维相配合，传统电视还应面对变化中的节目市场，建立更具活力、更具竞争力的组织结构，改革电视传播模式、组织模式、运营模式、管理模式，从而走出一条更具竞争优势的传播之路。

第二节　电视媒体参与县级融媒体中心建设的新路径

当前，以县级广播电视台为主体的县级融媒体中心建设正在如火如荼地进行中，各地都在积极探索县级融媒体的建设及运营之路。本节就县级融媒体中心的定位、属性、运营、技术平台等方面进行全面探讨，为各地县级融媒体中心建设提供借鉴和参考。

县级融媒体中心作为地方媒体整合的产物，具有特殊意义，它不仅为地方电视媒体转型提供了新思路，也弥补了媒体融合微观层面的空缺，走出了一条融合"下沉"之路。作为媒体融合纵深发展的"最后一公里"，县级融媒体中心建设在近年来发展迅猛。我国县级媒体主要指广播电视，即电台和电视台，它是自1983年以来在国家"四级办台，混合覆盖"方针指导下的产物。而县级融媒体中心则是指"以互联网为平台，以信息技术为支撑，以新媒体化为方向，以融合创新为手段，以舆论引导为主责，以服务群众为宗旨，负责统筹县域各种信息的生产、汇集、交互、分发流程的机构"①。以下将通过对县级融媒体中心建设起源、现状、实践探究的介绍，以及对现阶段建设困境的分析，试图为电视媒体找到参与县级融媒体中心建设的新路径。

一、县级融媒体中心建设的源起和现状

在中央级与省级已经陆续建立融媒体中心的基础上，县级融媒体中心建设之所以必要，原因有二。第一，由于改革开放以来几次媒体治理的矫枉过正，我国媒体现已严重脱离基层群众，政府舆论引导能力被削弱，而县级融媒体中心建设是政府密切联系群众的重要渠道，是国家意识形态工作的要求。第二，县级媒体由于所处的空间有限，其社会资源和媒体资源相对不足，媒体创新力和市场化程度也相对较弱，长期处于经营不善、政府兜底的困境中，因此，县级融媒体中心建设的提出给县级电视媒体带来了新的发展机遇。

国内研究者普遍将 2018 年视为县级融媒体中心建设的元年。2018 年 8 月 21 日，习近平在全国宣传思想工作会议上指出："要扎实抓好县级融媒体中心建设，更好引导群众、服务群众。"② 同年 9 月 20 日，中共中央宣传部（以下简称"中宣部"）在浙江湖州市长兴县召开县级融媒体中心建设现场推进会，对各地在建设县级融媒体中心过程中的成功经验进行了介绍，探讨了其中仍旧存在的问题，并对在全国范围推进县级融媒体中心建设做出整体部署，要求 2020 年底基本实现县级融媒体中心的全国覆盖，其中，2018 年先行启动 600 家，并确立了建设的时间表和任务书。2018 年 11 月 14 日，中央全面深化改革委员会第五次会议审议通过《关于加强县级融媒体中心建设的意见》，文件指出，组建县级融媒体中心有利于整合县级媒体资源、巩固壮大主流思想舆论。继而，2019 年 1 月 15 日，受中宣部委托，国家广播电视总局组织编制了《县级融媒体中心省级技术平台规范要求》，规定了对县级融媒体中心提供业务和技术支撑的省级技术平台规范要求。上述两个

---

① 谢新洲：《县级融媒体中心坚守的四梁八柱——融合、创新、引导、服务》，《新闻战线》，2019 年第 3 期。

② 王凯迪、周德书：《习近平全媒体思想引领下媒体事例路径研究》，http：//media.people.com.cn/n1/2019/1009/c429136-31389723.html。

第七章 电视媒体融合新媒体发展的转型路径

单位联合发布的《县级融媒体中心建设规范》对县级融媒体中心技术系统建设的总体架构、功能要求、基础设施配套要求、关键技术指标及验收要求等给出了具体指导意见。

县级融媒体中心建设在全国范围内推进之后，取得了丰富的成果。总体来看，"目前县级媒体已经开始通过不断学习，运用新技术、调整机制，在内容生产、传播渠道上不断创新，在自主经营、单一运作等环节逐步向多元化传播的融媒体形态转变，各地的县级融媒体中心建设如同雨后初笋般迅速生长起来"[1]。在政府宣传部门的大力推动下，县级融媒体中心的挂牌工作和试点建设已形成燎原之势，例如，2018年，北京在两个月内有15家区级融媒体中心陆续挂牌，完成了区级融媒体中心的全面布局，而在地方区县，从陕西、重庆、河南、湖南到吉林、内蒙古、江西，其县级融媒体中心也都陆续成立。

二、县级融媒体中心建设的实践探索

在县级融媒体中心建设的研究领域中，有相当大一部分是就具体案例对建设过程中的实践经验进行介绍与分析，从微观角度展现了县级融媒体中心建设的现状。我们采用文献梳理的方式，参照各位专家学者的研究成果，概括出现阶段县级融媒体中心建设的实践探究的状况。

（一）案例分析

这一领域中最早的一篇文献是案例分析，作者张裕定任职于浙江省宁波市奉化区广播电视中心，他从搭建全媒体平台，报道重视突出本地特色、积极参与报掌控舆情话语权，展开线上线下互动等几个方面介绍了奉化区融媒体中心建设的做法。[2] 王晓伟以长兴模式为例，从顶层设计、整合资源、优化架构、培养人才队伍、优化工作流程、建立新兴传播矩阵宣传、创新技术驱动，以及创新内容生产与产业运作模式等方面介绍了长兴县之所以成为县级融媒体中心建设示范样板的原因。[3] 刘勇对玉门经验做了详细介绍，并将

---

[1] 常凌翀：《县级融媒体中心建设发展研究综述》，《当代电视》，2019年第3期。

[2] 张裕定：《奉化广电中心推进媒体融合发展的主要做法》，《西部广播电视》，2018年第3期。

[3] 王晓伟：《长兴模式：县级融媒体中心的建设探索》，《新闻与写作》，2018年第12期。

其模式概括为"新闻+政务+应用服务"①。施亚军在对安吉模式进行介绍时指出，安吉新闻集团在县级融媒体中心建设的过程中最突出的特点是重视声音元素，探索出了一条以聚焦乡村议题、突出暖心话题、直击现实问题，以及倾听百姓心声、为群众提供服务的新型传播道路。②此外，邳州、项城、吉林、延庆几个地区的融媒体建设也作为典型模式常常被研究者提及："邳州模式"最大的特点是以县级广播电台为中心展开媒介融合；"项城模式"突出了县（市）级宣传部门的主导作用；"吉林模式"注重联通上级，省市县联动助推县级媒体打造自己的融媒体中心；北京延庆区融媒体中心则依靠平台创新和技术支撑对原有传播格局进行改革。③

（二）县级融媒体建设介绍

除了一些典型模式，来自不同单位的研究者还对其各自所在地域的县级融媒体建设做了介绍。马宪颖介绍了北京大兴区整合机构，在全区内形成"1+3+3+226+N"的传播格局，即一个融媒体中心、三家传统媒体、"两微一端"、226个区内新媒体账号，以及N股区外宣传力量。④刘春青对地处闽中的尤溪县的融媒体建设情况做了介绍，尤溪县广播电视台通过将内容落实到基层群众中，引进、留住新媒体人，搭建符合县情、更具实用性操作性的融媒体平台系统，以及推出符合民生的各种智慧服务等措施，使当地媒介融合取得了初步成效。⑤欧阳丽娟介绍了厦门海沧区高位嫁接新华社新闻信息中心资源，通过整合区级媒体人员、功能、机构、平台、技术等资源，建成了"上接天线、下接地气、海沧特色、新华味道的新型传播平台"⑥。蒋凌昊则以广西崇左为例，介绍了边疆少数民族的县级融媒体中心建设情况，指出该地区目前已经进入加快组织架构内部通融，实现内容、技术、渠

---

① 刘勇：《县级融媒体中心之玉门经验》，《新闻战线》，2018年第17期。
② 施亚军：《县级融媒体中心建设中声音传播的创新路径——以浙江安吉新闻集团为例》，《中国广播》，2019年第12期。
③ 常凌翀：《县级融媒体中心建设发展研究综述》，《当代电视》，2019年第3期。
④ 马宪颖：《县级融媒体中心的"破"与"立"——以北京市大兴区融媒体中心为例》，《新闻战线》，2020年第1期。
⑤ 刘春青：《从"尤溪模式"谈县级融媒体中心的发展路径》，《传媒论坛》，2020年第3期。
⑥ 欧阳丽娟：《建设"形神兼备"的县级融媒体中心——以厦门市海沧区融媒体中心建设为例》，《新闻战线》，2020年第1期。

第七章 电视媒体融合新媒体发展的转型路径

道三方共享的第二阶段建设。① 还有研究者介绍了中央媒体在县级融媒体中心建设领域的实践，如文晶介绍了新华社对地方在县级融媒体中心建设给予的支持，依托现场云平台通过技术赋能、人才赋能、渠道赋能、营收赋能，破除地方媒体在技术、资金、人才、机制、内容等方面的难题。②

（三）典型模式提炼

更多来自学界的研究者则通过实地调研或是对文献中具体案例的分析，从更宏观的层面提炼出了当下县级融媒体中心建设中技术平台的几种典型模式，大多数研究者赞同将其分为县级自建融媒体平台和接通上级融媒体平台两种类型。也有研究者提出更细致的分类，朱春阳将现有的所有建设模式概括为"单兵扩散"和"云端共联"两类。所谓"单兵扩散"模式，是指将县级广电、报纸，以及政府内部机构设立的宣传资源统统整合起来，完成"自我整合"，并在此基础上尝试与外界资源进行对接。"长兴模式"就是这一模式的第一样本，安吉、邳州、项城等模式也被归入此类。而"云端共联"模式，则是指过将区县媒介资源接入上级媒体的"融媒体云"之中，借助上级融媒体系统完成本地融媒体中心的建设。人民日报社的"中央厨房"，新华社的"现场云"，浙报集团的"浙江媒体云"，江西日报社的"赣鄱云"等，均属于此类。"单兵扩散"模型强调对县级内部资源进行整合，发展的自主性较大，却容易因为独立发展而与国家宏观层面的融媒体系统脱节。"云端共联"模型注重与上级融媒体进行对接，这种方式成本低，并且简单高效，但也意味着县级政府与媒体自主性建设的空间有限。③ 田丽的划分与朱春阳的基本一致，认为目前县级融媒体中心建设主要存在"全省部署"与"县级探索"两种模式。④ 郭全中在此基础之上，总结了四种相对成熟的县级融媒体中心建设模式："一是以浙报集团的'天目云'为代表的省级融媒体平台；二是浙江的长兴传媒县级融媒体；三是构建了'新

---

① 蒋凌昊：《边疆少数民族地区县级融媒体中心建设的现状及对策——以广西崇左市为例》，《新闻潮》，2019年第12期。
② 文晶：《技术赋能、人才赋能、渠道赋能、营收赋能——新华社现场云探索县级融媒体中心建设的实践路径》，《新闻战线》，2020年第1期。
③ 朱春阳：《"单兵扩散"与"云端共联"：县级融媒体中心建设的基本路径比较分析》，《新闻与写作》，2018年第12期。
④ 田丽：《县级融媒体中心"全省部署"和"县级探索"建设模式对比——以A省Q县和B省Y县为例》，《出版发行研究》，2018年第12期。

闻+政务+服务'发展路径的湖北广电集团的'长江云';四是通过拓展多元服务成功实现自主运营的《瑞安日报》"①。陈国权等则在县级自建与接通上级平台的基础上进行了细分,分为县级自办、邻县合办以及托管模式三种。②谢新洲通过实地调研,也总结了四种典型发展模式:"借助市场产业化运作的长兴模式;与省级媒体平台合作的分宜模式;县级电视台为建设主体的玉门模式;以及县委宣传部主导建设的农安模式"③。

三、县级融媒体中心的现实困境与推进路径

尽管县级融媒体中心建设已初具规模,但从全国范围来看,成功案例并不多,县级融媒体中心建设在属性变革、技术平台搭建、资金来源、部门整合、人才培育、内容建设等方面仍然存在重重困难。有学者认为,各地纷纷挂起融媒体中心的牌子,仿佛一夜之间完成了改革,然而这种改革方式容易留下形式主义的隐患。"县级融媒体中心的改革应当是县域媒体的深刻变革,涉及体制改革、资源整合、流程再造和传播网络重塑等诸多方面"④。而实践层面的困境为,县级媒体在进行融媒体中心建设时,自我中心主义思想依然严重,仍以广电思维方式为主,没有使改革的思路与互联网逻辑同频。黄旦将仍以自我为中心的融媒体中心建设思维比作用圆规画圆,认为"无论其圆周多大,均脱离不开一个支撑点,由此出发然后闭合环绕"⑤。按照这样的建设思路,无论资金与政策的扶持力度有多大,仍不过是在陈旧的生产模式上的"增量"改革,而非在"存量"上下功夫。

因此,县级电视媒体要想成功实现转型,首先需要实现思想层面的"破"与"立",既要意识到外部媒介生态的严峻性,同时也要克服对新兴媒介技术及其运作逻辑的抵触情绪,以及由变革的不确定性带来的危机感。县级电视媒体应当敢于跳出自身的"舒适圈",敢于离开自身的圆心,而以互联网的去中心化逻辑为重心进行思考,敢于在存量上进行变革,对既有的

---

① 郭全中:《县级融媒体中心建设的方向与路径》,《视听纵横》,2019年第6期。

② 陈国权:《中国县级融媒体中心改革发展报告》,《现代传播(中国传媒大学学报)》,2019年第4期。

③ 谢新洲:《县级媒体融合的现状、路径与问题研究——基于全国问卷调查和四县融媒体中心实地调研》,《新闻记者》,2019年第3期。

④ 杨明品:《县级融媒体中心建设要紧抓三个关键》,《中国广播电视学刊》,2018年第11期。

⑤ 黄旦:《试说"融媒体":历史的视角》,《新闻记者》,2019年第3期。

第七章 电视媒体融合新媒体发展的转型路径

生产逻辑以及资源进行扬弃,简言之,就是要将"互联网+"的思维贯穿于融媒体内容生产以及产业运行的各个环节。传统媒体只有逾越了思维误区,才能克服对新媒介环境所产生的恐惧与敌意,以在互联网环境中找到自己新的使命、重新拥有强劲的生产力为目的,更主动地进行变革,从而在普遍存在的现实困境中,积极推进科学有效的建设路径。

(一)体制属性

改革后的媒体单位采取事业体制还是企业体制,是当前县级融媒体中心建设中的关键问题之一。一方面,传统的事业体制已显露出种种弊病。由于没有实行企业化管理,大部分县级媒体缺乏市场竞争力与改革动力,引用基层媒体从业者的话更能说明这种矛盾性,"现有体制把你的手脚捆起来,却要你到市场去游泳,管理方式按照机关事业单位管理,运行的却是市场化模式,不好解决"。另一方面,企业体制的缺陷也不能忽略,在"事业单位企业化管理"模式下,新闻逐利现象频频出现,在盈利压力下,新闻质量普遍下降。因此,有研究者也强调"县级媒体改革又需要走出市场化误区,不能将媒体甩包袱似的推向市场,这容易忽略媒体的社会责任与公益性质"。[1] 更有研究者指出,"自改革开放以来,我国传媒业已经积累起了相当丰富的服务群众的经验,引导群众的经验却反而缺乏,当下改革的重点应当回到做一个好的事业,而非仅仅更好地进行企业化管理"[2]。

对县级融媒体中心机构性质的选择,一般有三种方案:"一是不设立独立的机构番号,只临时组建工作团队;第二是设立独立机构番号,事业单位性质的居多,其中又分为公益一类、公益二类。第三是以企业的性质运营"[3]。但究竟选择哪一种机构设置方式,需要考虑各县市区人口数量与经济状况等实际情况,切忌一刀切,要因地制宜。总体而言,采用公益事业单位的性质更符合大多数县级媒体的实际情况,对有条件的县来说,可以实行企业化管理,但需要进行严格意义上的事业企业"两分开"。

---

[1] 陈国权:《中国县级融媒体中心改革发展报告》,《现代传播(中国传媒大学学报)》,2019年第4期。

[2] 朱春阳:《县级融媒体中心建设的任务、核心问题与未来方向》,《传媒评论》,2018年第10期。

[3] 谢新洲:《县级融媒体中心建设关键问题剖析》,《新闻战线》,2020年第1期。

(二) 技术平台

县级融媒体中心建设过程中的另一个问题是技术平台搭建。融媒体技术平台的搭建大致需要三种技术,即"解决通信问题的基础设施服务技术(IaaS),解决平台运行中计算问题的平台服务技术(PaaS),以及解决用户接收端技术应用问题的软件服务技术(SaaS)"①。目前,各个县级融媒体中心很少得到自建技术系统的权力,而是统一由省级技术平台来承担,但省级技术平台又由谁来负责建设,县一级的职责是什么,县级与省级的责权又如何分配,都是改革要面临的问题。

现阶段技术平台搭建模式主要有县级自建技术系统,或通过云技术接入上级技术系统两种,但区县具体究竟选择何种技术搭建模式,目前仍存有争议。一部分研究者认为县级媒体特别是经济落后区县的媒体目前几乎没有能力来搭建,因此"嵌入上级平台,形成广泛的社会联结应当是未来县级融媒体中心发展壮大的主要方向"②。另一些研究者则认为县级融媒体中心的运行不能完全依赖上级媒体,"省建县用的技术系统建设模式削弱县级媒体的自主权,容易致使其参与积极性不高"③。由此可见,选择何种技术平台搭建模式应当具体问题具体分析,不能一概而论,对整体基础薄弱的县,应当借助省级平台,从无到有,对具备融媒体建设条件的县,应当适度发挥主动,从有到精,而对县级融媒体建设较为成熟的县,则应当设定更高的标准,更好地服务群众。

(三) 资金来源

资金来源成为现阶段县级融媒体中心建设中面临的另一重困难,也是最根本的问题之一,主要体现在:一是融媒体中心建设的启动资金如何获得,二是维持县级融媒体中心运作的资金从何而来。融媒体中心涉及平台、技术、服务等购买问题,前期需要投入大量资金,对很多区县,特别是经济落后区县而言,启动资金不足是其面临的首要问题。县级融媒体中心建设要实现可持续发展,还需要解决长期的资金投入或者收入来源问题,这被研究者

---

① 谢新洲:《县级融媒体中心建设关键问题剖析》,《新闻战线》,2020 年第 1 期。
② 朱春阳:《县级融媒体中心建设:经验坐标、发展机遇与路径创新》,《新闻界》,2018 年第 9 期。
③ 谢新洲:《县级融媒体中心建设关键问题剖析》,《新闻战线》,2020 年第 1 期。

第七章 电视媒体融合新媒体发展的转型路径

形象地称为"输血"与"造血"。一次性的财政投入很难维持县级融媒体中心长期运作的需求,除了极少数率先实现了市场化经营并能获得盈利之外,大多区县媒体商业规模小、层次低,缺少广告资源,仍处于入不敷出的局面,"造血"功能不足。

县级融媒体中心建设应当遵循先"输血"后"造血"的路径,即先得到当地以及上级政府财政的支持,而后积极与市场接轨,通过经营获得日后运营的资金,并且各相关媒体单位之间要有合作意识,而不是各自分走财政拨款,应当一起"做蛋糕",而不是仅仅"分蛋糕"。政府可以通过渠道保障、直接补贴、购买服务、减免税费、资源支持,以及项目扶持等方式对县级融媒体中心建设进行支持。① 但国家财政投入有限,容易在全国范围内出现"僧多粥少"的局面,因此,"各县级融媒体中心应当共同做大市场蛋糕,构建一个良好的媒介生态环境,而不是薅一次羊毛就走"②。也就是说,县级融媒体中心需要在经营方面做出更积极的努力,才能解决可持续发展中的资金问题。目前,解决县级融媒体中心的经费来源问题有三种方案:一是由国家财政完全承担其运作经费;二是成立初期由财政投入经费,一旦运营走上正轨,便自负盈亏;三是从建设初期便采取市场化模式,以"造血"的方式维持整个发展过程。③ 诚然,从初期"输血"到最终迈向自我"造血"是更为可行的方式,但究竟选择哪种模式,仍然有待在实践中检验。

(四) 机构整合

由于对"媒介融合"仍缺乏透彻的理解,县级媒体对各媒介单位、部门的整合往往只停留在表面"合署办公"与机械"相加"的层面,并未从"增量改革"转变为"存量改革",很大程度上仍停留在"身融心不融"的局面。具体说来,媒体融合重点在于将分散在各类媒体单位的内容、人才、市场、技术等资源融合到一个平台上解决,这要求媒介打破原有单位与部门之间的壁垒,但许多地区的融媒体中心建设只是一种为了完成任务的合署办公,即让每个单位出一个人到融媒体中心坐班,延续着改制前"你干你的、我干我的"的工作方式。而主管机构不明确导致县内相关机构各自为政,

---

① 陈国权、付莎莎:《传播力建设的最后一公里——县级融媒体中心建设路径》,《新闻与写作》,2018年第11期。
② 谢新洲:《县级融媒体中心建设关键问题剖析》,《新闻战线》,2020年第1期。
③ 谢新洲:《县级融媒体中心建设关键问题剖析》,《新闻战线》,2020年第1期。

难以协调联动，呈现"九龙治水"状态。其中，机构番号的问题又是造成这一现象的主要原因，由于大多未拥有独立机构番号，融媒体中心便只能"硬着头皮"进行表面上的融合，进而陷入自我重复与消耗的"内卷化状态"，在组织机构整合中常常出现重复建设、不分轻重的现象。一方面，很多区县有多家媒体，使得媒体功能重合、内容同质、力量分散。而政府宣传部门与专业媒体也缺乏整合，各自为政，造成了资源的分散与浪费，反而降低了政府与公众沟通的效率。另一方面，真正的改革并非救活所有媒体，融媒体中心建设应秉持扶优扶强的原则，即"鼓励实力强、技术领先、市场化水平高的组织机构去整合实力较弱的组织，但在实践中，不少地方却平均用力，甚至扶劣扶差"[1]。

对组织机构整合的问题，融媒体中心在经历了原有媒体单位之间的简单相加之后，应当快速进入第二个阶段的融合，即"加大组织内部的融合力度，实现内容、技术、平台、市场等资源的共享，通过打通融媒体中心内部机制，使之变成一个具备传播合力的有机体"[2]。这需要根据互联网特点重新设计融媒体的结构，打破原有的管理层级和职能划分，实行扁平化管理、多职能赋权，实现横向、纵向的联合。

（五）人才队伍建设

县级融媒体中心在人员队伍方面也存在一些问题，包括领导者的选择，原有人员队伍老化，原有人事制度难以吸引人才，等等，而其主要表现则为"两个一把手"缺失问题突出。所谓"两个一把手"，就是当地主政官领导和县级融媒体中心的一把手。由于地方主政领导往往更加重视经济建设、扶贫等工作，缺乏对媒介融合的理解和重视，而同时，短时间内也难以找到一位具备综合素质的县级融媒体中心主任。就人才短缺问题来看，"88.9%的县级融媒体中心表示人才储备有限是当地媒介融合的重难点"[3]。目前，还存在着队伍庞大，人员冗杂，员工学历普遍偏低，年龄结构整体老化，缺乏接受新观念的能力，缺乏用户思维，整个队伍欠缺对市场的把握能力，等等弊端。由于培训机制欠缺，原有员工能力难以提升，缺乏与引进人才相配套

---

[1] 郭全中：《县级融媒体中心建设的方向与路径》，《视听纵横》，2019年第6期。

[2] 栾轶玫：《信息传播与公共服务：县级融媒体中心建设的"双融合"》，《视听界》，2018年第5期。

[3] 翟雅楠：《县级融媒体中心运营的焦点问题与对策研究》，《中国传媒科技》，2019年第10期。

的待遇措施，难以吸引优秀人才尤其是技术人才。加上人员编制紧张，绩效考核不成熟，缺乏职务晋升通道，等等，如此状况，一方面难以激发在岗人员的工作积极性，另一方面也使得人才"引不进、留不住"。

综上所述，在人才队伍建设问题上，首先，要重视"两个一把手"问题。中央应当重视将媒介融合精神传达给各地区行政负责人，引起其对融媒体中心建设工作的重视；并选任一名传媒业务能力较强、对改革有较强的意愿和决心、执行力较强的县级融媒体中心主任。其次，对由于人员结构不合理、编制紧张、待遇、绩效考核以及晋升制度不合理等原因造成的人才短缺的问题，应当对症下药。如编制问题，要尽量扩充编制数量，并且对原先在编人员的编制做出适当的调整，进而通过调整绩效考核制度，向采编一线倾斜，多劳多得，少劳少得，奖优罚劣，奖勤罚懒，同时还要重视奖励的及时性，而不是开空头支票。就原有人才的培训与转型而言，采编队伍要精兵简政，以培养一批能拍摄、懂直播、可出镜的一专多能的全媒体记者。很多原有员工可以通过政策鼓励其转型，纳入从事经营服务的队伍中。而就技术人才引进难、留住难的问题，可以建立"人才候鸟"机制，从人才"为我所有"的转向"为我所用"，即除了建立自己的技术团队，还可以通过与专业技术团队签订劳务协议或者合作协议的方式解决一些重大技术难题。

（六）内容建设

内容建设是县级融媒体中心建设的核心工作，包括内容生产与内容分发。县级融媒体中心在内容建设面临的核心问题是内容难以吸引受众，由此使得其传播力与影响力受到限制，难以实现习近平提出的"引导群众、服务群众"的目标。究其原因，在于其没有透彻理解"引导群众"和"服务群众"的关系，仍旧没有摆脱传统媒体高高在上的单向传播思维，没有换位到用户的角度，以用户思维思考内容生产。

由于存在央级媒体、省级媒体、各商业媒体平台等众多"竞争者"，县级融媒体难以通过有限的信息吸引用户，加上县级媒体的市场化程度较低，对用户需求的把握能力较弱，其内容质量也因此较为低劣，主要体现在：一是新闻报道的内容与呈现手法相对陈旧，大多仍以当地领导活动、工作动态等时政新闻为主，存在时效性弱、主题性不强、生动性缺乏等弱点；二是县域有限，可报道的新闻素材匮乏，不得不通过提高重播率，引进廉价电视剧，播出低劣产品、医药广告等以填充内容，容易招致用户反感；三是受熟人社会的牵制，碍于情面，缺乏高质量和批判性和舆论监督报道。除了新闻报道，现阶段"由县级融媒体中心提供的服务产品也存在内容混乱、导航复杂、模块冗余问题，反映出政务服务与民生服务混为一谈的现象"①。

若要解决县级融媒体中心在内容生产方面的缺陷，就要在思维层面重视用户思维，协调好"引导群众"和"服务群众"的关系，在实践层面重构新闻生产流程，通过技术平台，为群众提供便捷的生活服务。从新闻生产流程的再造而言，应明确新闻报道的舆论引导职能，专业媒体要想"引导群众"，需要在事件发生的第一时刻抵达现场，第一时间把真相传播出去，以阻断虚假信息的传播，这又进一步要求新媒体部门的人力资源处于绝对领先地位。除了以舆论引导为首要职能，新闻报道同样应当将用户对内容的喜好与需求融入报道的内容与形式中。从选题环节来看，县级融媒体中心应尽可能发挥本地优势，重视民生与社会新闻报道，从小切口入手，考察社会问题。在采编与内容制作环节，既要向上对接中央和省、市属媒体，实现新闻量的增长，又要建立县域舆情的响应系统，打通乡镇、社区等下级组织单位政治、经济、文化各领域的信息与数据，给民意更多下通上达的机会和平台。从分发和互动环节看，其内容生产应当遵循"一次采集、多种生成、多元传播"的路径。

对政务、电子商务、文化，以及医疗、教育、卫生、水电等在内的公共服务平台的建设是县级融媒体中心增强用户黏性的重要抓手。若只进行新闻内容的生产，就很难与其他媒体竞争。县级媒体应当利用本地优势，以提供多元服务为抓手，重新获得用户关注，增强用户黏性，最终实现县域媒体舆论引导力的提升。县级融媒体中心服务平台的建设，"一来可以依托专业团队，为相关部门搭建宣传展示服务窗口；二是应当重视用户数据的挖掘与分析，更清晰地了解用户所需；三是可以通过电商、旅游等将当地特色资源其产品化与市场化"②。政务服务的提供还需注意明确政务信息、办事大厅、举报监督、网络问政服务等四项基本功能，删减无关功能，增补缺失的功能。同时，要注意政务平台的有效性，对接相关部门，及时对民意做出反馈，进而注意维护客户端运行的流畅与稳定，并完善模块设计，以提升用户体验。县级融媒体中心在建设过程中应创新利用5G的技术优势，创造连接

---

① 韩诚：《县级融媒体中心政务服务的特点与发展策略》，《青年记者》，2019年第36期。

② 翟雅楠：《县级融媒体中心运营的焦点问题与对策研究》，《中国传媒科技》，2019年第10期。

关系，构建县域空间连接并建立入口嵌套链接，浸入移动场景，量产碎片化音视频内容，提供在地性直播云服务。拾取智能逻辑，装备账号逻辑，构建县媒生态，映射第三空间升级致效模式，加载序列算法智化内容生产，有利于最终构建县城媒介生态，助力县域社会治理。

当前，县级融媒体建设存在发展不平衡、缺乏统一规范、制度保障不足、人员结构不合理、资金来源单一等现实困境。对此，应构建包括功能整合、部门协同、公私合作、制度保障、技术支持在内的县级融媒体整体性治理框架，铺设整合多方资源、协同各方人员、做好强连接、讲好本土故事、社区协同、因地制宜分类指导等本土化建设路径。

推进县级融媒体中心建设是中央从经济、社会发展大局出发，在传播格局发生重大变化的时代背景下推出的重大改革举措。2020年是我国基本实现县级融媒体中心全覆盖的收官之年。目前，各地大多以县级广播电视台为主体的融媒体中心建设正在如火如荼进行中，并在实践中不断探索县级融媒体的建设以及运营之路。然而，县级融媒体中心的建设发展也是一项专业复杂的工作，需要从顶层设计、体制优化、模式革新等方面探索创新措施。

随着国家战略的逐步推进，县级融媒体中心从"播种期"走向"耕耘期"，逐渐深化成为县域的主流舆论阵地、综合服务平台和社区信息枢纽。县级融媒体要有效覆盖其他层级媒体的报道盲区，对社区服务、社会动员和舆情监测起到独特的作用。而在后续的建设中，县级融媒体中心应该加强信息服务的"强人际关系"模式，并将自身置于社会信息系统枢纽的地位进行功能综合规划，成为县域综合治理平台的智慧枢纽，协助推进国家治理体系和治理能力现代化。县级融媒体中心的出现，使原有政治信任关系中县级政府信息宣传这一中介转型升级为基层政府与公众的互动平台，并越来越成为政府与基层群众之间信任建立的重要渠道。

第三节　电视媒体与新媒体融合发展转型的生态圈

有了互联网时代媒体互动融合的基础，电视媒体的未来将融入一个更大的媒介系统，即人性化、生态化、场景化的媒介生态系统。在这个媒介生态系统中，各种不同媒体将同时存在于一个动态互动且互相依赖的环境。当外部媒介环境发生变化、新技术手段出现并产生影响时，系统中的媒介就会结合内部自然发生的组织功能而发生变化。为了更好地生存，电视媒体就会像生物进化一样，不断寻求与其他媒介建立相互依赖的共生关系，与优势媒介更密切的互动，意味着更好的生存条件。因此，电视媒体与其他各类新兴媒体共建生态圈将成为未来媒介互动的主题。

一、场景时代下的电视媒体

（一）构建场景时代的"电视+"生态圈

"场景"一词很久以前就被人们应用，原意是指在戏剧、影视作品、文学作品中出现的场面或情景。加拿大社会学家戈夫曼在其著作《日常生活中的自我呈现》中发展了"拟剧理论"，将戏剧中的舞台、角色、表演等概念引入社会互动研究，提出人与人在社会生活中相互之间的行为可视作一种表演，特定的场景给予表演者特定的要求，社会行为随着社会场景的改变而变化。"场景"概念在社会互动理论领域进一步发展，成为更广泛的概念。美国全球科技领域资深记者罗伯特·斯考伯和技术专栏作家谢尔·伊斯雷尔在2014年出版的《即将到来的场景时代》一书中指出，以后的25年，互联网将进入场景时代。这里所说的"场景"来源于五种技术发展，即构成场景的五种技术力量，简称为"场景五力"，即移动设备、大数据、传感器、社交媒体、定位系统，它们均是以互联网为基础而蓬勃发展的技术驱力，是互联网时代和互联网思维引用的共同结果。

场景包括硬要素和软要素，其中，硬要素为场地或物体，软要素为环境和气氛，硬要素与软要素密不可分，软要素依赖于硬要素并反过来影响它。场景理论实现了从注重硬件到注重软件的关注点转换，换句话说，场景理论的重心是软要素的智能搭配与传播的场景打造。媒介成为软要素具象化呈现的重要工具，客观硬件的改变不再成为决定场景的主要因素，而社会个体的个人意志、空间氛围成为决定场景特征的主要因素。互联网技术的发展成为实现软要素信息智能匹配和传播场景构建的重要支撑。互联网时代，在时空界限被打破的同时，原有媒介系统所构成的社会场景界限也被打破，一个固定空间可以成为工作、娱乐、生活、休息等多个场景的融合。服务于单一社会场景的媒介必将成为过去，能够服务于多场景社会行为需求将成为新时代媒介的要求。在多场景融合的情境中，任何媒介都不可能占据中心化的位置，社会场景的转换、社会行为的改变是以用户需求为转移的，"人"将处于新媒介时代的中心化位置，各类媒介都将朝着更为人性化的方向发展。

随着新的媒介载体如智能手机、平板电脑、可穿戴设备等不断壮大，媒介融合将更加广泛和深入，单一媒体的经营必将逐渐式微。"电视+"模式的发展是电视互动的新尝试，也是电视与其他媒介融合的新发展，体现了多媒介合力而产生的传播模式与效果。这种模式体现的不是"媒介+媒介"的简单的媒介之间的合作，而是"场景+场景"的场景融合与新的媒介场景的构建过程。移动互联网的成功经验告诉我们，人们需要单一的工具、便捷的操作以满足多样的需求，人们对信息、感官的延伸需求是随时随地的。因此，电视的未来发展可能有两种形态：其一，在家庭环境的固定空间内，电视成为集多种内容、功能于一体的媒介设备；其二，创新媒介形态，集多种媒介业务于一体，融入移动平台。无论是哪种发展路径，电视以单一媒介为王的时代终将过去，在融合发展的过程中，电视必将成为内容更加丰富、功能更加多样的媒介。

"电视+"可以说是电视未来的一种形象描述，在"电视+"已有的尝试中，"电视+游戏""电视+KTV"等早期电视功能拓展是家庭休闲娱乐场景的巩固与加强，"电视+电商"是休闲娱乐与购物的场景的结合，"电视+App"体现的是休闲娱乐、社交、演出场景的结合。当然，电视媒体与电商、App、微信等新媒体的结合也有不足和困境，其虽然做到了场景的相加，但在结合的紧密度、排他性、媒介工具的整合化发展上都差强人意。电视作为家庭空间的重要媒介组成部分，虽然其传播载体优势示弱，但传播内容仍然有着旺盛的生命力，这也促使电视媒体随着物理空间的多场景化的变化而不断追求电视媒介场景的多样化发展。在这一过程中，电视的互动功能朝着满足不同多媒介构建的场景的不同需求方向发展，这些不同的互动模式也成为不同场景特征的体现。

（二）电视向多媒体的拓展

随着移动互联网的发展，"融媒体""全媒体""三网融合""台网联动"等概念的出现，其体现的不仅是新兴媒体与传统媒体的共生之路，还有着同样的内涵实质，即多媒介联动与多媒介的融合。随着广电、电信和互联网融合背景下的媒体边界拓展，即信息通信技术服务和应用的有机结合发展，各类媒介正朝着会聚成一个统一复杂的媒介系统的方向发展，这一系统中的不同要素相互融合、促进，互为工具，互相支撑，从而形成多媒介互动的复杂网络。

互动的世界给电视媒体的发展带来颠覆性的挑战，但也提供了一个机会：使电视以内容为基点，向多媒体的领域扩张，同时凝聚更多忠实的观众。电视也越来越深刻地认识到这一点,从三心二意地谈论网络产品,转变为大张旗鼓地实施数字计划。在互联网发展阶段,电视媒体不再故步自封,而是开始与其他媒体交流合作,优化内容,拓宽渠道,以求在整个媒介系统里占有一席之地。场景时代,越能同时满足多样场景需求的媒介则必然生命力越强。移动互联网打破原有各场景的空间界限,使"场景"有了颠覆性的发展,人们可以不必拘泥于物理空间的限制,随时随地进行娱乐、休闲、工作、购物、社交等以往要在不同场景中进行的人类活动。当互联网打破"客厅"家庭休闲、娱乐的场景格局后,一方面,电视媒体若想维持自身在"家庭"场景中的优势地位,就必须成为更具吸引力、更加开放、功能更加丰富的媒介;另一方面,电视应放弃固守"客厅"思维,积极融入新的媒介环境中,成为适用于多种媒介场景、人们随时随地可以便捷使用的媒介。只有不断与新兴媒体紧密联系,电视才能成为多媒介复杂系统中不可或缺的集成性、集合性、可搭载的一环。

近年来,为了实现多功能、多场景的拓展,智能电视、互联网电视、社交电视发展得热火朝天,芒果TV互联网电视的成功经验,乐视网提出"平台+内容+终端+应用"完整产业链模式,在"互联网+"模式下的"电视+"的生态模式发展愈发明显,"大屏幕,聚集智慧生活"成为电视的发展方向。"电视+"的发展模式代表着电视媒体走向以用户需求为中心的智能化、多媒介、生态化的方向。

(三) 电视向多终端的拓展

互联网技术、数字技术和计算机技术是网络电视诞生的基础,网络电视和移动电视拓展了电视终端的物理使用范围。从物理空间上看,从原有的家庭固定装置发展出移动电视、网络电视、楼宇电视。但由于在功能和体验上无法很好地满足受众的需求,电视公共空间的传播发展缓慢,反而是以PC、手机为代表的网络电视与移动电视,在更加个人化、私密化的空间上得到了引人瞩目的发展。

在观看体验上,从被动性观看的接收体验,衍生出3D电视、交互电视、社交电视等沉浸感、交互性更强的电视终端。3D电视是指利用3D技术,使观众裸眼或者借助3D眼镜在收看电视时可以体验立体显示效果,通过电视观看3D电视节目或电影,增强了电视的娱乐性与体验性。数字技术带来的"三网融合",使电视的交互功能开发成为可能,这种交互能够实现传者与受众的互动,给受众带来全新体验。社交电视的发展伴随着人们社交需求的增强,随着社交网络、即时通信的发展,网络世界的社交活动成为人们生活中的重要部分。社交电视使用户在收看电视的同时,能够进行通信、互动或其他与电视内容相关的社交化行为。社交电视所涵盖的社交内涵系统比交互电视更为复杂,它既可以让用户通过电视屏幕访问社交媒体,还可以作为支持用户进行社交互动的平台。社交电视通过电视屏幕快速方便地分享信息,实现社交体验与观看电视体验的结合,丰富了电视的用户体验的内容范围。

从媒介进化角度看,技术的发展带来了电视媒介形态的变革。网络视频媒体平台、视频类手机客户端如优酷、爱奇艺、腾讯视频、芒果 TV 的发展,皆源于传统电视的传播样态内核发生了突破时间、空间的变异,在优化延伸电视功能的同时,产生了区别于电视传播的个性特征,在数字时代形成了相辅相成、互为补充、融合与竞争并存的发展模式。移动网络视频媒体,例如拍客、小咖秀、熊猫、斗鱼、映客等直播平台,更是产生了除技术层面外更深层文化变异的新媒介产品。在以影像传播为核心的基础上,草根性、开放性、随意性、去中心化的特征彻底颠覆了传统电视程式化、闭合性、中心化的传播特征。

二、"电视+"服务体系中的电视媒体

电视媒体与其他娱乐休闲内容、其他媒体的互动结合,能够丰富电视的服务内容,带给观众更丰富的体验。电视节目内容与手机 App 内容的互动,增强了电视的参与性与体验性,电视与电商的合作,使电视互动的功用性得以开发。"电视+"模式在横向上拓展了电视内容服务的宽度,搭建了电视媒体能够提供给用户的一些新的媒介场景。

(一)"电视+App"增强电视媒体的体验性

湖南卫视作为卫视频道中"一线中的一线",一直是"电视+"模式的积极探索者,也是电视创新生态的积极建构者。也正因为在改革道路上的积极应对,使其一直占据佼佼者的地位。2016 年推出的《我想和你唱》则是在"电视+"模式下的又一突破与创新,这档节目每一期都会邀请三四位歌坛巨星和普通观众进行合唱,所有的观众或素人都可以通过 App "芒果 TV"和"唱吧"进行线上"合唱",即与歌手提前录制好的音频合唱,获得点赞数量最高的参与者则有机会到节目现场参与录制,与歌手现场合唱。有手机便可以实现素人和歌手们的合唱,并有机会到现场和"手机中的歌手"组成完美合唱组合，节目的互动性与开放拥抱新媒体的姿态以及诚意毋庸置疑，这也革新了电视媒体的参与方式。

通过第三方平台将电视内容与用户的特长才艺嫁接，形成了多平台、多媒介的共同生产模式。手机视频直播作为新的媒介形态在2016年有了较大发展，成为炙手可热的社交互动平台。湖南卫视迅速反应，将直播形式应用到电视节目中，推出了"直播互动概念"节目《夏日甜心》。这档节目以综艺女主播为核心内容，采用新鲜的"电视＋直播"模式。在节目现场布置生活化情境的直播间，女主播进行限时直播赢取现场观众和嘉宾通过手机送的礼物"甜甜圈"，当"甜甜圈"达到一定数量时，该主播就要走出直播间，与观众正式见面。之所以将其定义为概念性节目，主要原因是节目并没有真正连通电视与电视机前观看电视节目的受众，而是以现场观众作为代表，以视频直播的方式进行互动。这种概念式的模式已经让我们看到了"电视＋"的体验魅力与未来发展的空间，相较于《我是歌手》决赛中对视频直播平台的应用，这在生态互动意识上更为超前。

"电视＋"模式使电视成为搭载多媒体应用的生态平台，多媒介共同形成立体生态的互动链融入用户的物质生活与精神生活，并将逐步建立新的媒介社会秩序。"电视＋电商"的"感官＋消费"，增强了电视媒体的功能性。2015—2016年电视互动出现了许多生态互动的尝试性作品，概念性作品。比如东方卫视和电商平台的T2O模式节目《女神的新衣》《鲁豫的礼物》等；湖南卫视与"唱吧"App共同打造的《我想和你唱》；湖南卫视"直播概念"选秀节目《夏日甜心》；等等。与其他媒介平台的合作成为生态互动起步的重要手段，更加突出了"电视＋"生态圈的多功能性与立体生态化的互动方式。

T2O是TV to Online的缩写，T2O领域中摸索较早且尝试最多的是湖南卫视，2006年成立的"快乐购"购物平台被指定为综艺节目《花儿与少年》产品的官方售卖平台，但"快乐购"在销售方面不及淘宝，宣传作用大于售卖。因此，《爸爸去哪儿2》没有选择"快乐购"作为销售渠道，而入驻了淘宝。2010年《越淘越开心》节目与淘宝合作嗨淘网，但并没有拿出傲人的成绩。2014年初，中央电视台《舌尖上的中国2》的"舌尖系列"产品在淘宝上进行售卖，还进行了电视节目的周边产品的销售活动。东方卫视《女神的新衣》不是最早试水T2O模式的电视节目，但却是最为大众所熟知的代表性作品。

尽管都是T2O模式的探索，但《女神的新衣》的核心价值产生于其销售的节目核心产品，而并非节目下游或节目周边产品。该节目通过邀请设计师与女明星组队在24小时内制衣，再由女明星进行T台秀，通过现场服装品牌买家竞拍，天猫实时销售，实现了节目内容、电视平台与大众的实时互动。此举推翻了原有电视内容制作的营销模式，以电视平台作为渠道，实现了设计、生产、推广和销售的渠道通畅，使受众进入各个步骤的情境。电视节目与电商的融合是感官与消费的结合体，在轻松娱乐的互动性传播和交流中，摆脱电视广告的单向性，助力"电视＋"模式下的新营销模式，进而构建了"娱乐＋购物"的电视场景。

（二）"电视＋体验技术"：感官互动增强的未来电视

随着3D、VR等新体验技术的发展，人类从互动感知到互动体验都将随之进入一个新的变化。2009年《阿凡达》《爱丽丝梦游仙境》等3D电影的公映，使3D从概念阶段开始进入大众的日常生活，由此带来的3D潮流也迅速发展到电视领域。"3D电视是一种可以效仿现实景物的现实空间关系的新类型电视，它利用人眼的视觉特性引发立体感，让观众感受到影像具有深度特征的三维立体场景，延伸于屏幕前的景物具有触手可及的震撼效果。3D电视是全新科学技术与文化结合的全新产品，电视的功能、表现形式都得到极大的丰富，开发了电视消费的新范畴"[①]。

VR也称人工环境，是一种可以模拟视觉、听觉、触觉，让人产生身临其境之感的技术。一些专家学者认为："VR影视将成为中国电视融媒体产业化发展的新的增长空间，电视融媒体产业拓展了传统电视产业的业务范围，在原基础上延伸向网络视频、智能终端设备等视听新媒体领域。"[②] 电视与VR技术的结合，将为受众提供更生动的虚拟互动和更加丰富的虚拟场景。电视的生态在场景时代，将进一步覆盖满足人类生活需求的场景，并且通过与新技术的结合，创造人类需求的新场景。

---

① 王甫、李其芳：《我国3D电视发展现状、困境及对策探析》，《现代传播（中国传媒大学学报）》，2012年第9期。

② 高红波：《"VR影视"：中国电视融媒体产业新的增长空间》，《声屏世界》，2016年第7期。

三、立体生态链上的电视媒体

在互动的关系下,电视的生态不断更新,而在场景时代将会发生更加具有突破性的变化,电视与新媒体的融合发展将形成电视内容生产、传播、收视的新模式。随着电视多功能任务的实现,电视将成为最早进入智能化时代的家用电器。场景时代,电视媒体与其他媒体在互动的宽度上不断拓展的同时,在互动的深度上也在不断地进行挖掘,进而构建新的电视的互动媒介生态系统。

随着电视与网络新媒体互动融合的深入,逐渐形成从议程、渠道、终端到反馈的全生态互动链。议程设置的主体不再是唯一的独立媒介,各类媒体的互动使原有的设置流程发生新的变化,电视则成为议程中大众传播效率最高的必不可少的一环。在议程设置流程上,从原本的传统媒体唱主角转变为网民通过各类网络渠道例如论坛、微博、微信公众号等发布消息,提供新闻线索,各类媒体跟进挖掘事件的背后深层次内容,选取适合自身的报道角度,电视媒体再根据话题的讨论热度与合适的时机加入话题讨论,并进行大众化的传播。值得注意的是,在这一过程中,极易出现网民之间已经形成热议话题、有了非常广泛的讨论基础之后,各类媒体才争相加入的情况。因此,在新的议程设置环境下,媒体的反应速度和应变能力成为新的挑战。"为了实现最大化的传播效果,各媒体通过合作的方式进行优势互补,展现合作而带来的传播强力"①。在渠道上,一方面是内容上的交流共享,另一方面则是渠道本身的互动。如今的网络新媒体已经具备了内容生产能力,而不再仅仅作为传播渠道对传统媒体起补充性作用。

一些商业媒体集团抓住电视在网络时代的转型需求,创造了符合电视与网络新媒体互融共生的生态链。比如曾经风光无限的乐视网,虽然当前已经走向没落,但其创造的全生态链模式——将内容、网络、云技术、智能技术结合起来,打造了乐视的超级电视。一方面,乐视网利用其本身作为一家主流视频网站而积累的物理总带宽,打造了云视频开放平台,搭建起了一条视频传输的高速公路,从而具备了传统电视生产厂商不具备的优势。另一方面,乐视网购买及生产大量的内容版权,也丰富了产业上游的资源。在电视的智能性上,通过全视频桌面,将网络的多窗口特性运用到电视中,用户在

---

① 曹慎慎:《互动与融合:全球化视野下的中国电视与网络媒体》,中国社会科学出版社2015年版,第83页。

聊天、购物、观看的同时得到了一种满足。乐视网的全生态链模式，一定程度上可以看作未来场景电视的生态模式的雏形。将互联网与电视真正地融合生成为一种新的系统的概念与意识，也是具有未来性的一种理念。

电视媒体除了为受众提供丰富的电视节目之外，还可以为用户提供电视购物、餐饮娱乐、远程教学、缴费付费、视频点播、社交互动等多种多样的服务内容，这些增值服务进一步巩固了电视的家庭性、伴随性、服务性功能。检索、剪辑、转载评论功能，提升了内容服务的互动性、时效性、受众主动性，增强了私人化特征，使得电视具有了开放性、定制性、主动性等弥补性功能。传播方式上，从点对面的单一、单向传播，向点对点、点对面多向传播共存转变，电视的交互性得到极大提升，电视由一种单一功能媒介向多媒体平台转变，因此，"平台是一种实现双方或多方主体互融互通的通用介质"①。与网络技术的链接，原本封闭性、家庭性、被动性的电视，将具备开放性、个人性、主动性的特征，满足用户的多重需求。电视将成为会聚性媒介，以异质性特性满足受众的不同需求：既能传播大众化普适性的内容，也能传播具有开放性的内容；既可以是一家人团圆时共同的娱乐项目，也可以提供私人定制化的服务；既可以满足受众被动接收的需求，也可以实现主动检索的愿望。电视将成为一个具备全方位服务能力的会聚融合平台，向人类生活的全场景环境融入，创造私人化与家庭化、娱乐化与信息化共生的媒介场景。

保罗·莱文森的"人性化媒体"理论认为："人类发展了媒体，所以媒介越来越像人类；媒介并不是随意的衍化，而是越来越具有人类的传播的形态。"② 以"人性化"媒体理论来思考媒介融合，可以发现，媒介融合不是内容的多渠道传播，而应该是个人信息的多渠道汇合；不是媒体机构的合并，而应该是各类媒体在一个平台上的聚合，最终符合完整的人性化媒介生态。微博是内容集成平台的范例，是多渠道信息的汇总，可以基本还原人的现实生活接触环境。无论媒体走何种融合路径，就受众选择而言，都更偏向于通过一个渠道获得更多、更全面的信息，受众需求的形象表达相较于"一云多屏"而言则是"多云一屏（平台）"。"两端多云是会聚型可持续发展平台的形象描述，即建设应用于电视端、移动端（包含PC端）的视频会

---

① 谭天：《基于关系视角的媒介平台》，《国际新闻界》，2011年第9期。
② 王长潇、李爽、耿绍宝：《视频媒体会聚型融合平台的发展模式》，《当代传播》，2016年第4期。

聚型平台，从人性化视角出发强调入口的简便性、内容的集成性；会聚型平台是综合性服务平台，融集成资源、响应需求和创造价值于一体，既服务于供应商、受众，又服务于公众利益。"[1]

---

[1] 王长潇、李爽、耿绍宝：《视频媒体会聚型融合平台的发展模式》，《当代传播》，2016年第4期。

第八章 电视网络化产业链转型中的体制与经营创新

在媒介融合背景下，电视媒体若要寻求发展，不能忽视与新媒体的融合转型，要通过开发新业务来培育新媒体产业，力求实现与新媒体的优势互补，这样才能在未来的媒体格局中保持优势地位。探究电视媒体从传统的发展模式转换到与新媒体融合的全新发展模式，需要从多个角度、多条路径进行。在实践中，传统电视媒体已经在打造完整网络化产业链及推进电视产业体制创新等方面进行了探索，并取得了一定的成果。

第一节 打造完整的网络化电视产业链

传统电视产业链以节目（内容）为核心，强调以电视机为平台或窗口的传播，在与新媒体融合发展中，其产业链则是以信息或数据库为核心，内涵与外延都已大大扩展，传播平台也突破了单一电视机平台，延伸到了各种信息接收终端。在创造经济效益上，传统电视产业链将节目作为免费（或部分免费）信息，依托其带来的收视率进行二次售卖，从而创造广告收入，而两者融合后的产业链则把信息变成商品，直接通过售卖来创造收益。"与传统电视产业链相比，完整网络化产业链是以信息或数据库为核心并将数据信息商品化，其传播渠道突破了单一的电视机而延伸到了各种信息接收终端，同时对信息的销售以获得可持续发展的经济效益"[①]。因此，两者融合发展离不开完整的网络化产业链的构建，只有形成完整的网络化产业链，融合发展才能保持可持续性。

一、信息共享的平台化

打造完整的网络化产业链，首要任务是完成传统电视的内容生产转型，构建一个以视听互动为核心、融新媒体特色与传统电视特色于一体的立体化生产平台。内容生产在新的网络化产业链中占到50%以上的份额，在传播

---

① 王长潇：《电视与新媒体融合发展模式探析》，《当代传播》，2012年第2期。

渠道多样化的时代，内容无疑是媒体的核心竞争力，媒体间的竞争首当其冲是传播内容的较量，掌握了内容优势就等于掌握了市场优势。推进传统电视媒体的内容生产转型，首先就要整合资源，改进自身的内容生产平台，通过跨媒体协作搭建起全媒体内容资源整合和生产发布平台，实现内容资源的多次利用，确保电视台针对新媒体的"多元发布、多次营销"，从而放大品牌效应。

构建网络化的信息生产平台，第一，可以避免海量数据的重复采集，给视频资源的校对、录入、管理带来了极大的便利；第二，在网络化的信息平台中，所有的媒体资源数据实现了统一管理，使得数据资源的共享成为可能，同时也大大提高了数据处理分析的能力；第三，通过构建共享的信息发布平台，打破了时空局限性，为媒体融合的可持续发展提供了保障。比如，近几年来，江苏省把整合全省的广播电视传输网络作为该省广电事业发展的重中之重，目标是搭建好四个平台，即节目平台、传输平台、监管平台和多元服务平台，建立一个技术先进、上下联通、安全传输、运行高效、利益共赢的全省统一的传输网络，逐步形成以节目为龙头、以传输网络为纽带、以服务用户为根本、以利益兼顾为基础、以科技创新和体制、机制创新为动力，实现整体发展、共同繁荣、利益共赢、良性循环的广电发展新模式。

如今日头条、谷歌、百度、QQ、360、淘宝等网站，它们并不创造内容，却日益成为人们越来越依赖的、能够获取信息进行人际传播和生活购物的平台，而且用户规模和黏性日益上升。而传统电视频道、栏目与垄断性播出渠道捆绑，它们虽然也是平台，但只是单向传播的内容平台。随着智能搜索、个性化推送、定制服务的广泛开展，传统电视的"宣传平台""被动平台""客厅平台"将被新媒体立体开放的"比特平台""互动平台"所取代。在新媒体时代，播出平台不再稀缺，在生产社会化、内容供给汪洋化的背景下，传统电视媒体需要建立一个开放性、全方位、多渠道发布的媒体内容集成运营平台。网络化的信息平台建设是一个循序渐进、不断完善的过程，要求具有正确性、完整性、科学性、艺术性，这就要求在系统设计上采用多层结构技术，使用先进的系统平台，从而保证建成的网络化信息平台具有稳定性、开放性、互动性、安全性和可扩充性。

二、内容生产的定制化

目前，"传统电视媒体掌握着海量的内容资源，但是缺乏针对新媒体受众的市场研究和特色内容的开发，大多数视频网站的内容只是电视内容简单

第八章 电视网络化产业链转型中的体制与经营创新

平移"①。而以 IPTV、网络电视、手机电视为代表的视听新媒体,其媒体形态与传统电视媒体大为不同,受众群体和传播方式的差异化决定了其在内容需求上的个性化。构建完整网络化产业链的重要一步,就是要在定制推送中强化传播的服务功能。视听新媒体的互动性优势表现在点播和定制两个方面,其中定制又包括两种形态:"一种是消费者不参与内容生产,由媒体按用户需求提供组合和编排后的内容产品,比如数字电视频道、节目、资讯的按需打包消费;另一种则是消费者将自己的需求与概念提交给媒体,与媒体共同完成内容产品的生产,比如目前的一些实验性互动电视剧的剧情设计、选秀竞技节目的意见表达等。"②

电视媒体在融合发展过程中,要针对新媒体形态和用户进行差异化、个性化和定制化的内容生产,并进行"窄播"。以微软全国有线广播电视公司(MSNBC)为例,MSNBC 的每个用户所享受的都是站点为其专门定制的内容和服务。用户首次登录时,可以通过勾选自己偏好的内容类型来定制属于自己的个性化界面,而且用户还可以根据自己的阅读习惯,自由调整各个新闻频道在首页上的位置,使阅读更加方便。与此同时,MSNBC 网站通过用户勾选的兴趣信息了解用户的偏好,从而将用户选定的内容更新情况通过电子邮件自动推荐给用户,这样,每个用户享受到的都是站点为其专门定制的内容和服务。

在内容制作阶段,突破传统电视内容与新媒体内容各自为政的生产方式,按照全媒体生产的规律对生产流程重新切分,在内容制作部分,形成不同媒介形态内容制作的明确分工。在推进电视节目在新媒体平台上发布的过程中,应充分考虑新媒体的互动性、开放性因素,注重受众在不同媒介接触时的不同心理诉求。在制作影视剧、动画片、纪录片、文艺晚会和音乐节目时,基于跨平台创作思维,实现台、网、手机的"三屏合一"。比如,在进行节目制作时,要结合不同的受众群体需求,根据不同媒体介质的特点和终端展现方式,开发制作成长短不一、风格各异的视听产品,在不同终端展现。以手机电视为例,由于手机用户具有随时随地上网的特点,作为内容提供商的电视媒体可以针对手机屏幕小、观看时间碎片化的特点,批量生产 5

---

① 黎斌、邢静:《广播电视:电视媒体与网络媒体发展前瞻》,《网络传播》,2009年第12期。

② 曾祥敏、孙羽:《论媒介融合背景下的电视内容产品生产与集成》,《电视研究》,2010年第4期。

分钟以内的短视频。这样，通过细分市场的整合策略，调整定位目标用户，形成错位竞争，促进新旧媒介的有效整合。

三、生产资源的数据化

若要实现媒体融合层面上可持续发展的信息共享，就必须解决生产资源的数据化问题。在媒体资产管理系统的应用中，电视节目的数据化存储是关键。生产资源的数据化就是将音视频以数据的方式转换为文件形式进行存储和利用的过程，如现在广泛使用的非线性编辑系统、硬盘播出系统等。传统电视媒体通过内容资源的数据化，可以更好地利用网络平台支持共享，这是原有的传统视频系统所不具备的。"通过资源的数据化，也可以支持更大容量的自动化存储以及更有效地查询和获取手段，从而实现通过更多可用性方面的措施来支持媒体资源的资产化操作"①。

传统的电视节目生产，系统简单，成本较低，电视节目主要依靠录像磁带进行记录和存储，制作手段相对单一。而数字系统虽然复杂，且成本较高，但数据化的节目存储具有可靠性和可恢复性，制作手段也相对多样，可以高质量地存储图像和声音，在节目传输、复制时也能保证较高的保真度。而提高制作效率是生产资源数据化的主要目标。例如中央电视台，从1995年就开始在台内实施数字化，到2001年底，以主控的数字化为标志，全面完成了台内技术系统的数字化改造工作，在摄、录、制、播、传等各个环节均采取了具有先进技术指标的数字设备，使节目总体质量达到了一个新水平。

近年来，媒体资产管理系统开始在电视台中应用。媒体资产管理系统要解决的问题之一，是如何利用计算机系统在数据处理和管理等方面的技术优势来实现电视节目管理和应用之间的无缝对接。例如，"对于节目的查找和使用，不仅要实现查找结果和使用对象之间准确的对应关系，保证过程是连贯的甚至实时的，还要实现节目资源使用的可共享性等"②。在媒体资产管理系统中需要使用基于数据化文件的存储方式，因此，生产资源的数据化势在必行。

---

① 宋宜纯：《中央电视台的数字化进程及其思考》，《现代电视技术》，2003年第2期。
② 袁辉：《电视节目存储数据化应考虑的几个问题》，《广播与电视技术》，2003年第5期。

四、传播渠道的多终端化

手机电视、IPTV、移动电视等由于其终端不同，用户使用或接触场景不同，各终端对内容的需求也是相异的。手机用户的收视时段较为分散和碎片化，其注意力也不集中，故手机视频内容主要是满足用户随时随地获取所需资讯或者是行进中的消遣娱乐的需求，如新闻资讯类、原创搞笑类视频在手机视频中拥有相当广阔的市场。以中央电视台为例，央视建设了"CCTV手机视频节目生产基地，全球iPhone手机用户可以通过iPhone的手机平台下载CNTV的客户端，央视也同时成立了专门的内容制作团队，自行研发在iPad终端上浏览的自有产品"①。

而IPTV则延伸了传统电视的功能，使电视不再只是一个播放电视信号的媒介，而是一个能够满足用户多种需求的平台。用户可以通过IPTV搜索新闻、网上购物，通过电视开展远程聊天，或者将电视变成游戏的主场，因此，IPTV的内容应当具有更多的增值服务性。例如上海文广百视通IPTV，除了提供影视剧、新闻视频、娱乐视频、体育视频外，还提供如财经、气象、旅游等服务类信息。此外，百视通IPTV还不断推出新形态，如阳光政务、教育产品、网上银行等服务，使IPTV的增值服务功能不断提升。在移动电视方面，中央电视台移动电视为全国30多个城市的5万多辆公交车提供内容，并将延伸至火车、飞机、地铁、楼宇等公共视听新媒体领域。

多终端的内容发布渠道，使得信息的发布构成了全天候无缝覆盖的传播网络。未来传播渠道融合的目标之一就是要实现电视媒体和视听新媒体之间的互联互通，着力打通适宜地铁、公交、户外、楼宇等各种终端的传播渠道，挖掘潜在的网络用户，同时引导传统电视用户接触电视新媒体，保证电视媒体的全面畅通。在"三网融合"真正实现后，无所不能的终端和无处不在的网络使未来电视可以达到对用户全天候无缝隙覆盖。"通过多种终端，利用电视、手机、网络等多渠道进行信息分发，使得同一内容不同形式的信息产品能够沿着各自既定的渠道运行，从而保证一件信息产品的复次、多介质、全方位传播"②。

---

① 黎斌主编：《电视融合变革——新媒体时代传统电视的转型之路》，中国国际广播出版社2011年版，第131页。

② 栾轶玫：《融媒体时代新闻生产的流程再造》，《视听界》，2010年第1期。

第二节　推进网络化电视产业体制的创新

当前，我国电视媒体与新媒体融合发展加快了新的电视产业体制的产生，这种新的体制不仅能决定电视系统内的资源配置，影响电视产业生产力的发展，而且还能推进媒体融合发展，消融产业边界，凸显产业功能，构建完整产业链以及创造多元化收入渠道，等等。而旧的电视产业体制则存在市场主体缺失、竞争机制僵化、经营模式落后、盈利模式单一等弊端。针对以上问题，推进网络化电视产业体制的创新势在必行。

一、经营体制的创新

网络化和数字化将完全改变传统电视的产业格局，从而形成包括节目制作、播出、传输、接收终端整个产业链设备及运营在内的更大市场，其产业经营模式也会随着技术的升级而改变，节目付费、内容付费等综合信息平台运营（数据库营销）将成为其主要发展模式，而且创造多元化收入的渠道会越来越丰富，这将是对传统电视以广告为主导盈利模式的颠覆。同时，新的业务类型必然要求形成新的市场运作和商业经营模式，这也会在更大范围内改变传统电视产业的经营体制和市场格局。

二、传输体制的创新

网络化要求产业经营主体必须建立统一的传输网络或者给予兼容标准可以平滑过渡的"融合网"，同时要求建立开放、竞争的市场体系，这必然要打破原来传统电视产业阶段小而全、散而乱的格局。而为了实现新的传输目标，网络传输必然要通过整合无线传输、有线传输、卫星传输等传输方式，从而调整传统电视产业的传输体制，比如传输标准的变更、传输网的改造与整合、传输网管理模式的变革等。

三、制播体制的创新

制播体制是传统电视产业分工体制的核心部分，在制播一体化的统领下，采集、制作、传输、播出等环节都由电视台完成，这是一种前厂后店、"小而全"的封闭式生产方式，与现代产业专业化、集约化、规模化要求相去甚远。而制播分离体制的强化与创新，有助于构建网络化电视产业链，有利于电视产业管理价值更具市场化，管理结构更倾向现代产业体制。

四、投融资体制的创新

目前，我国电视产业领域的投融资政策一直不稳定，虽然国家鼓励国内外社会资本以及有保留地允许国外资本进入除新闻节目之外的制作领域，但对广电主体及传播平台则实行严格控制，因此，"广电自身新媒体业务的发展经费基本依靠自有资金解决，资金短缺使得新媒体业务发展相对缓慢"①。目前，建立多元化开放的投融资机制，扩大资本进入的领域，吸纳大量的社会资本和外国资本，已经成为推进我国电视产业融资渠道健康发展的必然选择。

五、管理体制的创新

电视产业现行的管理体制是"宣传工作、事业建设和行业管理'三位一体'"，这是在计划经济时代年代逐步形成的，其价值取向呈现出强烈的宣传色彩和集权思想，制播一体就是这种价值取向的必然产物。随着我国市场经济的发展，传媒融合趋势的加快，产业边界开始消融，新的产业管理体制呼之欲出，其主要体现在管理组织结构以及职能的转变上。就我国电视管理组织和职能而言，"由于网络化、产业化和市场化的不断深入，管理的对象已不是单一的宣传机构，而是众多兼具产业功能的商业性文化组织，其管理职能也必须随之转变和创新，转变的方向是由行政化手段向市场化手段转变，有审批式管理向法制化管理转变，从而实现由直接办文化向科学管文化转变"②。

从上述分析中不难看出，"三网融合"推进传统电视与新媒体融合发展是内外浸透式的，包括媒体环境（政治、经济、文化）及媒体自身环境等各个方面。现阶段的"三网融合"并不意味着电信网、互联网和广播电视网三大网络的物理合一，而是指高层业务应用的融合，其表现为技术上趋向一致，网络上互联互通，业务上互相渗透和交叉，应用上趋向使用统一的IP协议，在经营上体现为互相竞争与合作，在行业管制和政策上逐渐趋向统一。

---

① 石长顺、石永军：《融合与突破：对广电业发展趋势的一种解读》，《中国广播电视学刊》，2007年第3期。
② 易绍华：《电视的活路：数字化背景下电视媒体的网络化生存研究》，厦门大学出版社2010年版，第273页。

因此，既要看到外因的影响，如竞争环境的变化、市场需求的升级、产业链条的调整等，也要关注内因催化，如网络技术的革新、发展路径取舍、媒介制度变迁、传播内容生产流程再造等。其外因也造成传统电视与新媒体的融合发展，其内涵不仅包括物理技术层面的媒介融合，也包括信息内容的创新、产业链的完善、政策规制等的制定。两者的融合发展不是简单的终端扩张，也不是纯粹的网点连接，更不是注册域名建个网站。

面对 Web 电视、手机电视、IPTV、数字电视、移动电视等媒体的快速发展，传统电视与新媒体融合发展已经成为一种必然，积极探索与建构其可持续发展模式的进程就是对传统电视媒体自身传播手段、渠道、内容以及体制产业、盈利模式进行不断完善、创新、优化的过程。而在推进从传统发展模式转换到与新媒体融合发展模式的探讨中，如何构建可持续发展模式成为影响两者融合发展的一个重要因素。

第三节 促使电视媒体产业化经营的升级

传统电视原有的生产方式、用户关系、商业模式正经历着颠覆性变革，电视媒体不得不寻找自身在移动互联网时代的转型之道。湖南卫视的 App 化经营或许能给人以启发，即在整合湖南广电集团旗下的原创内容制作基础上全面 App 化，依托自有原创内容开展多层次 IP 开发，实现产业融合基础上的跨产业经营，构建依托于"两微一端"为基础的内容、产品、社区为一体的多主体参与共建的信息平台，并实现各类主体的关系管理，最终使内容与经营相得益彰地形成良性循环，顺利实现传统媒体向产业融合后的新媒体转型。

目前"互联网+"转型极为热门，但传统电视的转型不能是简单的"+互联网"，需要"在自身资源优势基础上建设内容平台、整合产业价值链并优化社交功能与用户体验"[①]。但是"仅有平台还不够，需改变商业模式推进传统信息传播向跨产业的深层次信息服务转型"[②]，仅能制作优秀内容也是远远不够的，"要变单一型节目为自有知识产权的集群型产品，从经

---

① 赵曙光：《传统电视的社会化媒体转型：内容、社交与过程》，《清华大学学报》，2016年第1期。

② 王晓：《"互联网+"时代传统电视媒体的融合转型》，《中国广播电视学刊》，2015年第6期。

营单一渠道到构建媒介融合生态圈"①，"构建内容、社区和服务产品链整合的商业模式"②，特别是"推动以移动和社交为核心的多终端发展，发掘多终端的全时段价值，开发用户服务"③。

适应移动、社交的最佳工具是视频App，但"传统媒体App应用中存在重量不重质、内容资源简单移植、缺乏规划、运营混乱、用户体验差、重内容轻关系构建等问题"，且往往是在没有适应新游戏规则情况之下规划、实施的。传统电视媒体转型过程中已"不能沿用传统思维与方式运营，迫切需要在观念、人才团队、用户关系构建、平台建设等方面做出调整才能在信息时代的竞争中生存下来"。④ 因此，传统电视传媒实施App经营时，需要满足在移动互联网时代以用户为中心并运用App所具有的各种功能应对碎片化、移动化趋势的需求。这方面走在时代前列的湖南卫视App化经营策略是一个值得借鉴的成功典型。

一、湖南卫视App化经营实践

湖南卫视自建内容资源承载端的芒果TV以适应社会的"三屏合一"的需求，一方面，通过自制、定制、购买等方式，不断实现内容的精品化、特色化；另一方面，结合自有内容资源推出游戏类、电商类、互动营销类App；同时与热门平台建立战略合作关系，全面推进自身的App化经营。

（一）新"芒果TV"的诞生

2014年4月，由金鹰网和芒果TV整合而成的新"芒果TV"网络视频平台诞生，该平台融汇网络与传统电视的优势，是一个同时面向电视机、电脑、移动端的新媒体视听综合信息服务平台。启动独播战略，即所有湖南卫视拥有完整知识产权的自制节目都由新"芒果TV"在网络端独播而不再对外分销，还深耕网络综艺、网生剧。例如2016年网络直播互动选秀《超级

---

① 蔡骐：《媒介融合时代的电视媒体转型之路——以湖南广电的新媒体转型为例》，《现代传播（中国传媒大学学报）》，2015年第11期。
② 杜国清、邵华冬：《媒介融合背景下传统媒体的数字化突围》，《电视研究》，2014年第12期。
③ 殷乐：《重新连接：移动互联网时代的电视媒体转型路径思考》，《电视研究》，2014年第12期。
④ 高春梅：《打造APP电视媒体的平台化转型探索》，《南方电视学刊》，2015年第4期。

女声》回归并推出"芒果直播"App，直播首日弹幕互动数超 400 万。还引进如《我是名人请让我离开》等明星真人秀；网生剧方面则主打人气经典作品改编剧目，如台湾"漫画女王"游素兰的《火王》、晋江文学网热门作品《半妖倾城传》，均利于这些作品的粉丝转化为芒果 TV 用户。

为扩充移动端视频资源，芒果 TV 一方面与华谊兄弟、KBS、TVB、天娱传媒等众多视频内容制作机构进行战略合作，另一方面和其他视频网站联合购买视频内容，并增设美食、健康、理财等生活板块，满足了受众对生活起居的需求。这些举措是湖南电视台"一云多屏"战略中的核心一环，即以独特的娱乐内容优势吸引流量以构建用户平台。

芒果 TV 通过独特而丰富的内容资源形成内容优势，打造品牌，建立自营渠道，培育并巩固忠诚用户。以热播节目《我是歌手》为例，每期节目在电视播出 10 天内可在芒果 TV 全平台上免费观看，10 天后，除了移动端 App 维持免费外，PC 和 TV 端则需要付费点播。芒果 TV 此举的目的是推广其移动端 App，以此打开 App 化经营的通道。例如，《我是歌手》第三季热播之时，"芒果 TV" App 急速上升到苹果公司的 App Store 免费排行榜的首位，最终《我是歌手》PC 端与移动端播放总量突破 1 亿。App 化后的湖南卫视在带来大量用户的同时，也超越了竞争对手。

尽管湖南卫视的观众有所流失，但"芒果 TV" App 却由于其持有的独家优质内容，将数量更多、黏性更高、价值更大的移动端用户吸引到自有的芒果 TV 新媒体平台上。因此，总体用户数量实际在大幅增加，体现了用户对"芒果 TV"的超强黏性，这一新媒体视听综合传播服务平台的品牌与人气已然成型。

（二）完善生态圈的 App 化经营

传统电视台与游戏开发往往局限于授权开发及广告合作，湖南卫视却不满足于此。基于湖南卫视的自有内容资源及深度挖掘其价值，湖南广电集团旗下的芒果互娱公司（以下简称"芒果互娱"）以游戏业务为核心，通过自主研发、联合开发、授权开发等多种形式，力图成为专业游戏整合运营商。公司成立于 2014 年 4 月，分设上海（负责资本运营）、广州（负责产品研发营运）以及长沙（负责媒体资源开发）三处，主营业务为移动端的游戏、电视互动、广告以及相关衍生品开发等。

1. 基于 IP 资源的游戏类 App

芒果互娱将电视内容资源转化为 IP 资源，并进行全产业链的开发与市场化运作。例如，以《快乐大本营》节目为原型的《快乐家族笑傲武林》在一个月内就获得了 100 万的下载量；其后陆续推出的其他热门节目的同名手机游戏有《武媚娘传奇》《我是歌手》《爸爸去哪儿》《天天有喜》等，均以节目带动手游及其相关增值业务。自主开发之余，芒果互娱还以多种模式与热门游戏平台进行合作，如《我们约会吧》和网易游戏旗下的《大话西游 2》以及著名游戏门户网站 17173 联手为平台上的玩家提供交友服务，参与的玩家可赴湖南卫视参加《我们约会吧》节目的录制，牵手成功的嘉宾还可以获得合作游戏平台提供的奖品。从上述例子可以看出，其作为游戏项目赢取丰厚利润的同时，还为湖南卫视及其相关节目赢取了很高的曝光度以及很大的用户流量。

芒果互娱宣称其目标就是整合湖南卫视的内容资源优势，与优秀的合作伙伴共同打造出色的手游，打造电视、手游、渠道资源联动的新模式，最终实现影视、游戏互动的 IP 资源价值最大化。而且更有利的是，芒果互娱的核心用户恰恰与芒果 TV 所定位的用户年轻化高度匹配，两者协同效应明显。

2. 结合 IP 资源的互动电商类 App

除了手游市场外，湖南卫视在自有 IP 资源的二次开发方面还有互动电商类 App。比如我国第一个美妆直播、视频社交以及电商平台"我是大美人"App，其内容除了视频节目外，还有 App 上的细分内容、微信内容、微博内容、直播内容，以及不定时推出的专题性自制内容等。其同时在 App 以及微信公众号上进行直播，而且互动方式很灵活：线上直播、即时互动、在节目中留言评论并及时回复。此类 App 用自有内容包装商品、通过网友互动并提供权威解决问题的方式来带动消费。该模式综合了内容生产、资讯传播以及移动互联网电商几大模块，强化了以内容吸引用户，用互动与优质内容使用户对平台产生依赖性，最后引导出购买与相关消费行为。

另外，App 自身推广方面摆脱了传统的烧钱推送模式，利用独到的内容资源优势以及适当的社交媒体推广，建立了持续而有效的 App 发展模式，这类 App 的价值在于寻获细分而精准的用户、匹配广告主、拓展经营方式。

3. 独立的互动营销类 App

芒果互娱独立的互动营销 App 主要有两个，分别是"呼啦"和"芒果扫货"。2013 年 1 月 1 日，湖南卫视和上海宏蝠网络有限公司共同开发和运营的国内第一款电视互动 App"呼啦"正式推出，它搭建了电视与个人移动终端之间、以电视互动为核心的具有内容增值体验与线上社交的渠道。

"呼啦主要是通过设置节目话题，组织线下活动提高用户的积极性和参与度"①。在每一个话题下面，通过留言就可以参与讨论。后来还开通了诸如投票、抢票、游戏、评论以及话题专区，"呼啦"因与传统电视传媒有极深的交互性，有传统电视传媒的内容优势的支持，从而大幅提高了用户收看体验及用户黏性。"呼啦"的功能主要体现在以下几个方面。

(1) O2O 互动。"呼啦"的用户通过扫描特定时间出现在电视屏的二维码，就可以获得相关奖品的兑换券，在线下兑换自己感兴趣的商品，这些二维码往往与合作商户、互动广告以及热门的节目一道出现。因此，"呼啦"起到了用户、电视台和企业之间的桥梁作用，在节省电视台、企业经营成本的同时，提高了经营效率。"呼啦"会时常发布与热门节目相关的线下活动供用户参与。以《我是歌手》决赛时的线下营销为例，首先在"呼啦"上发布活动，安排在全国 10 个城市的万达影院进行，3000 多个座位放映厅直播决赛，用户可以通过参与"呼啦"上的相关任务赢取门票二维码。除了观看直播之外，参与线下活动的用户还能在影院获得一张票用来为自己喜欢的歌手投票，实现与电视屏的互动。

(2) 为合作商户承接营销活动。O2O 互动既能为电视台自身开展营销，又能为有需要的合作商推广其产品。例如，作为《中国最强音》冠名赞助商蒙牛，其产品包装盒上印有《中国最强音》二维码。蒙牛自身的 App 并没有用户基础，但通过数百万"呼啦"注册用户就解决了蒙牛借助《中国最强音》营销活动初期的推广工作。"呼啦"用户通过扫描蒙牛牛奶盒上的二维码，可以获得一枚徽章，累积到若干徽章数目就可以兑换一盒蒙牛酸酸乳。"呼啦"App 在此次营销中为蒙牛品牌本身及酸酸乳的推广带来了海量点击量，帮助受众完成了向用户的转化。又如，电视机前的用户在看节目时如果想了解节目的更多内容，则可以通过扫描节目中出现的二维码，就能马上获得相关详细信息，观看演员和表演过程的花絮、发表对相关内容的评价、与其他用户进行讨论等，用户黏性得到进一步提升。

(3) 广告价值及相关收入得以提升。"呼啦"用户、电视台、企业三者交叉互动，突破了传统的沟通模式，开始有了较为直接的互动营销活动。2015 年 7 月推出的"芒果扫货"是继"芒果 TV"App 之后湖南卫视力推的第二款自有互动营销类 App。"芒果扫货"App 的广告语是"广告不白看"，

---

① 薛慧：《移动互联网时代传统电视的转型与融合发展：以湖南卫视为例看传统电视手机端内容与互动的转型》，《现代传播（中国传媒大学学报）》，2015 年第 12 期。

即让用户在看广告的时候也能参与其中,改变以往被动看广告、厌恶广告的状况。通过"芒果扫货"App 在互动广告时段的"摇一摇"或者"扫一扫",以及 App 定期举行的有奖问答等互动活动,用户将有机会获得商家提供产品与服务的优惠券与红包,开创了我国首个广告时段的台网双屏互动,解决了电视广告形式单一、时数有限、单次传播三大痛点。

"芒果扫货"App 推出不久,玖富悟空理财、同程网以及相宜本草三家广告主以 9018 万元中标依托于湖南卫视的中国首个 App 互动广告。这种互动广告在《爸爸去哪儿》第三季的三个广告时段试水:前 15 秒的宣传片引导观众互动,后 15 秒的硬广告则介绍商品,用户在了解商品的同时,假如用"芒果扫货"App"摇一摇",则可以获得广告中有关的商品的优惠券以及红包等奖励,以便后续在"芒果扫货"App 上进行购买。除了与广告互动、选购商品之外,用户还能与网友聊天、玩游戏以及抽奖等,这有利于提升用户对广告信息的接受度,此其一。其二,传统电视媒体的优势强强互补。用户积极参与的互动广告以及相应的电商行为,与湖南卫视的内容优势、用户优势彼此促进:广告主的品牌人气得以提升,用户的消费体验不断改善,"芒果扫货"App 用户人数持续扩大,海量传统受众转化为用户乃至电商消费者,用户数据等有用资源得以整合,广告效果及广告价值得以放大。

4. 与微博、微信平台的合作

湖南卫视的 App 化经营还获得相关微博、微信的配合。为了获得更多的用户,各类微博对湖南卫视的支持大致如下:一是官方微博。如湖南卫视官微每天都会对要播出的新节目及热门节目进行图文预告,并适当剧透以提高用户对节目的期待值。二是主持人认证微博。热门节目主持人开通认证微博,并通过各种方式与官微以及经营过程中涉及的有关微博进行互动,如响应官微相关话题与粉丝进行互动,拉近与用户的心理距离。三是节目微博,热门节目也会开通认证微博以满足用户的需求。以《爸爸去哪儿》为例,第二季一开播就蝉联数周收视冠军宝座,《爸爸去哪儿》的新浪认证官方微博粉丝升至 500 余万,与其相关的微博话题阅读量也突破 100 亿人次,创造了微博话题阅读量新纪录。节目中较受欢迎的几个萌娃话题长期霸占着新浪微博话题热度榜,相关艺人的关注量也得到大幅上涨,使得节目关注度一直居高不下。四是所有与湖南卫视合作伙伴的关联微博,如粉丝团微博、合作企业微博、节目嘉宾微博以及所有热播节目的参演演员微博也在发挥作用。由于微信的广泛使用,相关微信对湖南卫视的支持更加有力,具体有以下几类。

(1) 湖南卫视官方微信公众号"湖小微"。"湖小微"为湖南卫视的用户带来了鲜活的应用体验,除了用户能获得第一手的湖南卫视相关的权威信息、节目试看外,所有热门主持人、节目相关的明星与嘉宾,都可以通过语音与视频的方式与用户进行交流。除了常设的功能之外,"湖小微"还会根据热门节目的相关看点,每天都推出一个互动话题以增强用户的互动体验。如在观看周末综艺节目《天天向上》等节目过程中,可以边看节目边与该微信号互动,这对吸引用户作用极大,在短短一年时间内,其用户就突破了1亿人。

(2) 热门节目公众号。如《我是歌手》第二季的官方微信订阅号,以图文、语音、视频等形式为用户提供最新的独家资讯、赛程进展以及幕后花絮。

(3) 微信服务号。如与《我是大美人》节目挂钩的微信服务号有三大功能板块:一是美人互动——将"漂流瓶""摇一摇"加入微信自带的功能当中,在移动终端互动、线下消费的同时还能链接到电视节目,为用户实现多屏互动的新体验;二是美人魔镜——为关注的用户定制各种个性化服务,如美妆护肤、衣服搭配等;三是美人乐园——与最新最热的咨询以及当下的潮流趋势相结合,给用户推送丰富多样的O2O活动及相关体验活动。

二、湖南卫视App化经营对我国传统电视产业化的启迪

当下"信息时代一个突出的特征是产业信息化、信息产业化进而导致产业融合"①,产业结构发生了颠覆性变革。按照迈克尔·波特关于产业结构分析的"五力模型"来分析,竞争取决于五种基本竞争作用力:"进入威胁、替代威胁、客户价格谈判能力、供应商价格谈判能力和现有竞争对手之间的竞争"②,这种由产业结构决定的竞争被波特称为"拓展竞争"。

由此观之,我国的传统电视业正面临前所未有的复杂而激烈的竞争环境。首先,数字技术、移动技术使得竞争对手已经不限于各传统电视媒体之间,还包括被众多传统电视媒体视为入侵者的网络视频,企业之间的竞争是跨产业竞争,而非行业内竞争;其次,传统电视面临严峻的替代威胁,电

---

① 周振华:《信息化与产业融合》,上海人民出版社2003年版,第1页。
② [美] 迈克尔·波特:《竞争战略》,陈小悦译,华夏出版社2005年版,第5页。

脑、手机等工具正逐渐替代电视机对视频的垄断,并或将取而代之;再次,人们的传媒消费兴趣转移、消费产品替代、消费结构更新,且不再是被动、单向的受众,而成为主动的用户,并有更多的选择;最后,供应商有更多的商业模式、变现渠道可供选择,甚至可以完全绕开传统电视。

这种产业结构的颠覆使得很多传统电视媒体措手不及,而湖南卫视 App 化经营战略却成功地适应了这一冲击。首先,App 应用既为电视开辟适应信息时代新需求之路,又满足了用户个性化、移动化、互动性强、体验良好并且能给予用户各种"福利"(内容、奖励、服务)的要求;其次,提升了用户黏性,并反哺传统电视;最后,App 的多元交互方式提供了崭新的商业模式,盈利模式多样化。敢为人先的湖南卫视 App 化经营战略为传统电视的转型提供了颇具价值的启迪。

(一)产业融合基础上的跨产业经营

信息技术及相应工具的广泛运用使得信息的生产、分配、流通、消费成为核心内容,彻底转变了以往以物质流主导为信息流主导的产业关联,这种"以信息的多向连接为纽带的产业关联为用户、供应商、销售商、合作企业等提供全方位延伸,创造一种网状的各产业紧密联系的产业流程"[1]。湖南卫视的 App 化经营展示了信息时代传统电视业转型并非简单地融合互联网,而是转型为与视频内容能产生连接的任何产业融为一体的多向连接的内容产业;产业的竞争已非产业的内部竞争,而是跨产业竞争,甚至将来可能发展为跨国的跨产业竞争;纵向一体化的产业链整合让位于网状产业链整合,是融软件、硬件、技术、内容与营销为一体的跨产业经营。

(二)以内容资源为核心的内容产业生态平台建设

按照原湖南广播电视台吕焕斌的说法:"广电媒体的核心资产是 IP(版权)。内容越强大,IP 就越强大,可开发的价值就越高。"[2] 围绕内容资源、注重原创内容制作及其基础上的 IP 价值开发,以此引入人气流量,有利于建立强大的网络效应,从而实现具有内容、互动娱乐、连接、营销、电商等功能的生态平台构建。

---

[1] 周振华:《信息化与产业融合》,上海人民出版社 2003 年版,第 183 页。
[2] 吕焕斌:《布局"芒果生态",改革动起手来》,《中国广播影视》,2014 年第 9 期。

（三）建设多主体参与共建的关系平台，维系与强化用户关系管理

适应时代需求并以满足用户娱乐、生活、服务等方面需求为要务，芒果TV、手游、营销、电商 App 以及为了配合这些 App 和传统电视的各类微博、微信，它们都是为了建立、维系、加强与用户的连接，提升用户黏性，从而形成与用户的良好关系，在反哺电视收视与视频点击的同时，促进湖南卫视商业模式多元化，这是构建内容产业平台、实现湖南卫视商业价值的核心所在。

（四）标新立异战略

该战略是指"公司提供的产品或服务标新立异，在全产业范围内具有独特性的价值"①。由于我国特殊的国情，与国家级媒体相比，地方电视台只能选择标新立异竞争战略以求得竞争优势。从《快乐女声》、韩剧《大长今》等大获成功，到后来"快乐中国"口号的提出，这种主打娱乐的鲜明特色和风格，配以实用的优秀节目学习模仿创新能力（《快乐女声》《快乐男声》《我是歌手》等）、超强的电视剧选剧能力（《步步惊心》《花千骨》等）、不断提升的根据用户口味编剧的自制剧能力、强大而又低成本的造星能力，而这些特征又往往相互协同，湖南卫视因此真正形成了自己的娱乐化定位与品牌形象，且被用户高度认同。于是，"用户的认同以及其竞争对手要战胜这种'独特性'需付出的努力就构成进入壁垒"②。独特性越强、独特资源积累越多，进入壁垒就越高。

通过对湖南卫视各类内容资源的产业关联点的挖掘与管理，形成了目前的手游、互动、营销、电商等 App 开发，这一切凸显了湖南卫视的标新立异竞争战略，从而也实现了集团的竞争优势。湖南卫视标新立异战略的意义在于：首先，资源得到合理配置与利用，而且价值逐步最大化；其次，与娱乐为战略定位的内容、服务、产品各环节形成协同效应；再次，提高内容资源利用率的同时，为用户提供丰富的体验，激发和增强了网络电视的活力和竞争力，降低了节目制作成本，提高了用户服务质量；最后，形成雄厚的企业竞争优势，并提升产业进入壁垒。信息技术蓬勃发展的今天以及可预测的未来，对传统电视而言，湖南卫视的 App 化经营的经验值得借鉴。

---

① ［美］迈克尔·波特：《竞争战略》，陈小悦译，华夏出版社 2005 年版，第 36 页。
② ［美］迈克尔·波特：《竞争战略》，陈小悦译，华夏出版社 2005 年版，第 37 页。

第九章 电视融合转型中的可持续发展原则及实践

可持续发展是指在发展经济的同时,充分考虑环境、资源和生态的承受能力,保持人与自然的和谐发展,以实现自然资源的永续利用及社会的永续发展。我国电视媒体行业在经历了多年的高速发展之后,正面对日益激烈的新媒体竞争,进入了一个全新的发展阶段。按照科学发展观的理论精髓,可持续发展原则与模式应当是主导未来我国电视媒体各项政策改革及制度建设的主要基点。

第一节 电视融合新媒体的可持续发展原则

借用可持续发展信息共享概念,这里提到的可持续发展是指"在电视媒体融合新媒体的过程中,在统一的机制、规则规范下,以统一的标准,通过计算机网络形成集中和分布式系统相结合的共享体系,实现信息的相互自由传递以及信息的无偿和有偿共享"[①]。因此,建立公平的合作伙伴关系,推进国际间的广泛沟通与合作,确保资源的共有共享,确保媒介环境、生态的平衡协调,以及确保可持续发展中的公平性、共同性、持续性、需求性原则,是电视媒体融合新媒体可持续发展的关键所在。

一、公平性——保证电视融合新媒体发展的公平

可持续发展观中的公平性原则是指同代人之间的公平、代际的公平、资源分配与利用的公平,它既包括同代内一个地区的发展不应以损害其他地区的发展为代价,也包括代际的既满足当代人的需要又不损害后代的发展能力。该原则认为人类各代都处在同一生存空间,他们对这一空间中的自然资源和社会财富拥有同等的享用权和生存权。从可持续发展的理论内涵来看,在电视媒体与新媒体互融互通的诸多环节中,也都要保证电视媒体发展与新

---

① 孙成永、王启明、张建中、池天河:《中国可持续发展信息共享的理论与实践》,《资源科学》,2001年第1期。

媒体发展过程中的公平性，这主要体现在以下三个方面。

一是横向公平性，主要是指同一媒介环境下，电视媒体之间、新媒体之间以及电视媒体与新媒体之间的均衡发展，即一个行业的发展不应以损害其他行业的发展为代价。从湖南卫视、上海文广、凤凰卫视这三家地方电视媒体的网络新媒体发展来看，它们的新媒体发展之路也是紧紧依托母体电视台而存在的。比如，凤凰新媒体的前身是1998年成立的凤凰网，芒果TV是湖南卫视新媒体金鹰网旗下的网络电视台。

二是纵向公平性，主要是指在不同的历史发展时期，电视媒体与新媒体融合的整体均衡发展既要满足当下环境中媒介发展的需要，又不能损害未来媒介的发展能力。比如，中央电视台除了与内部网站进行捆绑联动之外，还在发展中不断探索与外部网站的多元化战略合作，组建了全国最大规模的"全国网络视频联盟"，充分利用互联网全面带动了央视节目的传播力和影响力。

三是资源分配与利用的公平，对有限的视频内容资源、传播渠道资源以及有限的受众需求资源的共享，电视媒体和新媒体都拥有相对同等的资源使用权。例如，中国网络电视台充分依托其母体中央电视台庞大的视频资源，深度挖掘了40万小时的历史库存节目，整合集纳了中央电视台所有22个开路电视频道、41个上星地方卫视，以及两路数字电视频道的高清、标清网络视频直播业务，日均新节目制作量达到500小时。

要保障媒体融合中的公平性，首先，要构建一套较为完善的法律体系，协调不同媒体行业之间的法律关系。在媒体融合环境下，以往那种分行业、分部门分别立法的模式已经不能适应新的发展需要。例如，不仅要制定相关法律条款以降低电信行业的竞争门槛，打破行业壁垒，也要为电信和广电的互相进入提供相应的法律支持，使业务监管做到有法可依。此外，必须明确管理职责，在符合正确意识形态的基础上适当放开广电领域，从而在法律法规的层面打破进入市场的壁垒，促进市场有序竞争。其次，要成立独立的监管机构进行统一、协调监管。在我国，广电网、互联网和电信网分属于不同的行业，都属于分行业监管的范畴，其中，广电网作为宣传部门，由国家广播电影电视总局管理，而互联网和电信网则由工业和信息化部管理。广电网、互联网和电信网各自为政的模式容易限制媒体融合中部分业务领域的拓展，不利于行业的持续发展。因此，使广电网、互联网和电信网能够在同一信息平台系统上传输内容并提供服务，是电视媒体融合视听新媒体的必由之路。对此，监管机构的职责范围要有明确的法律授权，管理的范围应该涉及广电网、互联网、电信网之间业务融合的交叉领域，使其都能依照法律行使自己的监管职能。

二、共同性——协调电视媒体与新媒体的共同发展

虽然在具体操作中，可持续发展的模式各有不同，但在追求公平性和持续性的发展要求和发展方向上是共同的。只有全媒体行业共同努力，才能协调各方利益，实现媒体融合中可持续发展的目标，进而实现电视媒体与新媒体的共同发展。媒体融合是一个双向共享的过程，媒体融合发展的整体性和传统媒体与新媒体的相互依存性决定了必须协调电视媒体与视听新媒体的共同发展，具体表现为以下两个方面。

（一）信息内容共享

在我国，媒体除了发布信息之外，还担负着社会舆论引导和宣传窗口的责任和义务，一些重大事件和政策，通过传统媒体和新媒体的独自和集中报道，其信息传播和宣传效应达到最大化，体现出媒体的社会价值。例如，2010年在南非世界杯期间，CNTV与酷6网合作，摆出了中央电视台电视直播、中国网络电视台网络直播、合作伙伴的网络直播三大阵势，形成了强大的报道力量，全面提升了中央电视台在网络领域的传播影响力，实现了传播效果的最大化。

（二）传播渠道共享

传统媒体具有成熟的行业规范和品牌优势以及丰富的内容价值优势，这恰恰是新媒体发展中极为需要的。而新媒体具有迅速、信息量大和交互式传播的竞争力，这又恰巧是电视媒体所缺乏的。一方面，传统电视媒体可以为新媒体提供内容资源，另一方面，电视媒体也可以通过新媒体的传播渠道扩展其发展空间。电视媒体与新媒体在融合发展中实现了优势整合与互补合作，例如国内视频分享网站56.com与香港电视广播有限公司（TVB）合作创建的tvb.56.com，是二者长期深度合作、共同发展的产物。TVB提供高质量的视频内容以丰富56.com的视频资源库，56.com则利用其庞大的用户群效应进一步强化TVB在内地的品牌效应，从而实现双方共同的增值增效。无独有偶，以新浪视频、腾讯视频为代表的门户类视频网站，以及以PPS为代表的视频直播类网站，也都与上海文广、凤凰卫视等内容提供商积极建立合作关系，形成优势互补，从而达到"双效"、双赢。

三、持续性——维持电视媒体应对媒介环境动态变化的能力

在促进电视媒体的融合发展进程中,在满足电视媒体发展需要的同时,必须有相应的管理制约因素,还要充分考虑媒介环境的影响。持续性原则的核心在于人类的经济和社会发展不能超过资源与环境的实际承载能力,从而真正将人类的当前利益与长远利益有机结合。因此,持续性是电视媒体融合新媒体实现可持续发展的关键和重中之重。

一方面,要做好媒体资源库的更新与维护。随着各种传播渠道对视频内容需求的持续性增长,做好视频资源库的更新与维护工作显得尤为重要。以光线传媒为例,其发展的定位就是"中国最大的多媒体视频内容提供商和运营商"。光线传媒聚焦娱乐领域,见证了中国娱乐界的风云变幻,成为影视音乐作品、明星和娱乐事件首选的信息传播平台。光线凭借其国内最大的娱乐视频资料库,在"三网融合"和视频数字化时代,为光线传媒内容经营提供了广阔的空间,也成为各级电视台的首选合作伙伴。中央电视台也在大力推进包括现有的音像资料库、视频发稿中心和国家网络电视台视频生产基地,打造"三库互通"乃至"三库合一"的立体传播平台,以应对各种传播渠道对视频内容需求的持续性增长。

另一方面,电视媒体与新媒体的融合发展要紧随媒介环境的动态发展步伐,这也是保持其持续性至关重要的一点。"视听新媒体是媒介发展历程中呈现出来的一种最新形态,是区别于报纸、杂志、广播、电视等传统媒体的、具有交互性和时效性、海量性和共享性、全天候与全覆盖等特征的一种崭新的媒体样式。"[①] 它会依据媒介环境的变化呈现出阶段性的特征,但就其发展过程而言,这些具有表征性的特征也是动态的、不断发展变化的。所以,电视媒体在与新媒体进行融合发展的过程中,也要根据经济、政策、社会的发展,以及媒介环境的变化,相应地调整发展策略。与此同时,面对技术的更新换代和市场需求的不断变化,媒体融合发展之路也要做好相应准备。例如,CNN 无疑是适应时代发展在电视领域进行媒介融合的先行者之一,其媒体融合举措可谓与时俱进,不仅率先在电视界开展与网络融合,积极致力于网络建设、移动视频及其他数字化服务,还在重要事件或重要时机抓住机会与新媒体合作。具体来看,CNN 的媒体融合战略的具体策略主要

---

① 崔坤艳、李茂民:《三网融合背景下新媒体与传统媒体依存度分析》,《今传媒》,2011 年第 10 期。

第九章　电视融合转型中的可持续发展原则及实践

体现在三个方面："一是通过线上互动、电视网播出、集线下服务相结合的'三点多面'的方式全面铺设传播网；二是实施科技先导战略，积极与新媒体及新技术结合，占领新媒体制高点；三是实施跨平台销售，实现盈利的可持续发展。"①

四、需求性——满足电视媒体受众日益增长的需求

电视媒体融合新媒体的可持续发展之路，需要以"以人为本"的可持续发展价值观为中心，从需求性原则出发，贯彻"以用户为中心"的传播理念，积极推进和使用新技术，力求发挥出新媒体交互性特色的最大功效。"随着媒介终端发展的多元化，个体的媒介使用行为也普遍趋向碎片化，受众大多按照自己的需求来使用新媒体，他们的收看时间和收看方式的安排往往是分散化、即时性的，内容需求也是极其个性化的，以往传统电视媒体那种一对多的传播模式显然难以满足这一崭新的市场需求。"②新媒体受众与传统媒体受众的最大不同之处在于，新媒体受众不再是被动地接受信息，而是成为主动的媒体消费者。因此，在受众本位的传播理念下，电视媒体也要根据受众需要进行信息个性化定制，并逐步强化新媒体传播领域的服务功能。

（一）信息个性化定制

随着多样化媒介形态的出现，用户的网络行为特征也日趋多样化和复杂化。然而，大多数的电视媒体开展网络视频业务还依旧停留在简单的视频分享、直播业务上，缺少明确的差异化经营理念，就更不用提针对细分化受众的个性化定制了。在"用户自有服务"的网络时代，网民拥有更大的自由度来选择丰富的广播电视节目，如新兴的视频分享、简易聚合（Really Simple Syndication，RSS）节目单能让网民在线自行订购喜爱的电视节目信息，通过与受众互动的网络功能，还能制作深度节目。"音视频传播的差异性应该体现在点播技术和直播技术的融合、社区互动业务的情感诉求、内容的实效性和更新速度的需求等方面"③。

---

①　黎斌主编：《电视融合变革——新媒体时代传统电视的转型之路》，中国国际广播出版社 2011 年版，第 65 页。
②　黎斌：《传统电视与新媒体融合发展的转型战略分析》，《电视研究》，2011 年第 5 期。
③　张磊：《网络视频将呈现三大趋势》，《中国消费者报》，2008 年 1 月 9 日。

（二）多元化用户服务提供

从用户市场看，用户对视频的需求与消费结构呈现出多元化特点。在用户多元化的需求下，电视媒体不再仅仅是内容生产者，而应当向集点播、录制、回看、搜索、关联、链接、关注、跟踪、评论、推荐等新型收看方式于一身的综合性生活服务平台转变。例如，上海文广新闻传媒集团的 IPTV"百视通"，在打造视频内容的基础上，提供了包括视频通话、电视购物、电视支付、娱乐等多元化的互动应用，原来的电视观众也随之变为电视用户。而央视网推出的客户端央视频，可以帮助用户方便快捷地同步直播、点播中央电视台各频道的各个节目，同时浏览央视网的全部内容，用户的反馈可以直接通过客户端进行收集。无论是上海文广的互动服务，还是央视网的便捷点播，电视与新媒体的资源重组都通过用户与用户之间的交流分享实现了内容的增值，扩大了内容的服务体系。

在新的媒介技术条件下，媒介融合将进一步使传播内容的生产出现更细致的分化，以满足受众个性化的需求。例如，"对同一新闻事件的报道，可以先用最快的速度和最简洁的语言从互联网或无线短信中发出，以满足部分生活节奏快而只需了解事实梗概的年轻人和上班族，然后将载有对新闻事件及相关背景详细介绍的报道见诸报端，这也许是时间较为充裕而对事件的经过有浓厚兴趣的中老年读者的最好选择"①。因此，传统电视媒体应当构建以个体用户为中心的信息整合方式，以满足用户日益增长的对新闻专业性与个性化的需求。只有以受众为传播的中心，重视用户的需求关注，才能提高受众的满意度和忠诚度。

第二节　电视融合新媒体的可持续发展路径

传统电视与新媒体之间存在诸多差异，要想真正实现全方位融合，就需要建立以数据库为核心的发展形式。当前，对数据库的开发、建设及应用已经成为两者融合发展策略的核心基础和最新形态。未来，两者融合发展的基础不再仅仅是节目内容、聚合渠道、优化路径、多媒体终端建设等，而是构建"全能数据库"，其中资源数据库和消费者数据库两个子系统的建设成为

---

① 梁岩：《从技术、管制与受众角度看媒介融合的发展趋势》，《新闻与写作》，2009 年第 11 期。

第九章　电视融合转型中的可持续发展原则及实践

当务之急。

一、电视资源数据库建设

电视媒体融合新媒体的过程就是对不同行业的信息传输平台和网络系统进行整合的过程，这就要求构建一个完整的媒体资源数据库，这也是实现媒体融合层面的可持续发展信息共享所必需的第一步。以资源数据库为核心，实现内容资源整合，新闻内容信息的"一次生产、多次出版、多渠道发布"。通过整合利用电视台资源和品牌优势，开发利用社会资源，搭建网络平台、数据平台、移动平台、商务平台等四个平台，完成全媒体、全覆盖两项战略任务。

可持续发展信息共享的关键在于信息共享的标准化、规范化，因此，在资源数据库的构建过程中，要实现其资源共享的主要功能，首先要建立共享的政策与机制。建立资源共享的机制和管理办法是实现可持续发展信息共享的前提，也是保障包括共享行为、经济和社会效益以及法规因素在内的可持续发展信息共享的基础，更是实现可持续发展信息共享的主要途径。另外，还要建立起资源库系统之间共同的数据规范和标准，制定完整的、统一的、普遍接受的标准和规范。构建一个完整的多媒体资源库，能够保障电视台内部对视频资源内容的存储、复制功能的实施，这样的资源数据库不仅支持传统电视媒体完成多媒体数据加工的业务，完善视频资源库的交互服务能力及专业化服务手段，而且能够全面提升智能化及自助式个性化的服务能力。

资源数据库能够实现内容资源的统一策划、采集和生产，即树立"大编辑部意识"，并逐步建立起资源共享的信息处理平台。新媒体格局呈现之初，就视频内容而言，传统电视媒体和新媒体各自为政，即使隶属于同一个部门，内容生产也是单独进行，造成了资源的极大浪费。就国内而言，中央电视台走在国内传统电视内容生产分发平台建设的前列。从2006年开始，中央电视台先后取得了网络视听节目服务、手机内容服务业务、公共视听载体业务、IPTV、互联网电视等经营牌照，加之其享有的自主采编权，从而形成了中央电视台实现融合新媒体发展的独特优势。在台网融合战略实践中，中央电视台对音像资料馆、视频发稿中心和中国网络电视台生产基地等三个视频库的建设，"力求考虑到实现音像资料馆、视频发稿中心、网络电视台视频生产基地'三库互通'，甚至'三库合一'的格局，打造多终端、多渠道、跨平台立体传播资源基础，通过数字化存储和网络传输，一方面满足全台各个部门对资源共享共用的需要，避免视频节目的重复采编制作或闲置浪费，另一方面极大地满足了国内外市场和用户需求，实现商业价值"①。

二、电视消费者数据库建设

消费者数据库在一些商业销售行业的应用已经较为普遍，这些企业拥有配套的软硬件以及相对成熟的管理服务体制，纷纷通过消费者数据库的信息来打造属于企业自身的品牌核心价值。而对电视媒体来说，消费者数据库似乎还是一个新鲜事物，目前有关电视媒体"消费者"的数据也基本上被AC尼尔森等外国公司所掌控。因此，构建一个属于电视媒体自身的消费者数据库势在必行，具体做法有以下两个方面。

1. 要完善长年积累的受众数据以及拓展的新媒体用户数据

消费者数据主要由静态数据和动态数据组成。静态数据是基本数据，指电视受众或用户的年龄、性别、受教育程度、家庭住址等信息；动态数据是指电视受众或用户用手中的遥控器做出的选择，即受众与媒体之间的互动数据，也就是用户的反馈信息等。构建消费者数据库之后，就可以对传播对象进行跟踪分析，以促进传播效果的积累，在竞争中处于有利地位。媒体只有弄清楚了用户是谁、需要什么，才能提供相应内容。通过整合和深入研究，把这些真正有用的数据沉淀下来，就会变成细分化的业务需求。从这个层面上来看，消费者数据库建设既是传统电视媒体业务拓展的需要，更是全媒体发展的需要。

2. 要建立以用户需求为中心的数据库

掌握了用户数据，就要做好目标营销，即要满足用户个性化需求。无论是实现传统电视转型，还是建立多媒体产品加工中心，都需要建立一个全方位、海量化、专业化的数据中心。首先从资源的采编、节目的播出以及应用服务等方面，统一汇总相关数据，然后按照年龄、学历、地域以及消费能力，分层次地对用户的需求做分析，针对需求进行互动。将用户细分之后，就可以以电视媒体为支撑，把分众媒介形式融合起来，进行网络视频、IPTV、手机视频等延伸产品的分众推送，实现电视、网上、掌上覆盖的全面化，以保证推送的精确化。通过提供系列产品，以满足用户各种需求。同时，网络、手机等渠道也能帮助直接了解用户情况，用户的反馈亦能直接指导内容生产，通过多种媒介综合满足用户需求，有利于增强用户的忠诚度。

---

① 赵卓伦：《从分散制作向生产聚合转型》，http://www.cctv.com/cctvsurvey/special/q/20110913/114084.shtml。

第九章 电视融合转型中的可持续发展原则及实践

电视媒体的品牌价值是消费群赋予的，而要实现这一价值，最直接的因素就是受众的满意度和忠诚度，这只有从与受众和用户的交流互动中更好地了解顾客的需求才能得以实现。消费者数据库营销手段的出现无疑为电视媒体和新媒体提供了一个深度融合发展的契机，使电视媒体与新媒体的营销组合策略更为合理。一个完整、权威、有效的消费者数据库，才能够更好地为受众和用户提供针对性的服务，满足受众和用户的信息消费需求。

目前，我国广电媒体正在经历一场"被"新媒体重塑的革命性变革。我国应从国家战略的高度推进大广电战略，这是确保国家信息和文化安全，关系执政党命运、民族兴衰和国家长治久安的一个重大工程。研究媒介形态演变的学者罗杰·菲德勒在《媒介形态变化：认识新媒介》一书中指出媒介形态变化的六个基本原则："1. 共同演进化与共同生存：一切形式的传播媒介都在一个不断扩大的、复杂的自适应系统以内共同相处和共同演进。每当一种新形式出现和发展起来，它就会长年累月的程度不同地影响其它每一种现存形式的发展。2. 形态变化：新媒介决不会自发地和孤立地出现——它们都是从旧媒介的形态变化中逐渐脱胎出来的。当比较新的形式出现时，比较旧的形式就会去适应并且继续深化而不是死亡。3. 增值：新出现的传播媒介形式会增加原先各种形式的主要特点。这些特点通过我们称之为语言的传播代码传承下去和普及开来。4. 生存：一切形式的传播媒介，以及媒介企业，为了在不断改变的环境中生存，都被迫去适应和进化。它们仅有的另一个选择，就是死亡。5. 机遇和需要：新媒介并不是仅仅因为技术上的优势而被广泛地采用的。开发新媒介技术，总是需要有机会，还要有刺激社会的、政治的和/或经济上的理由。6. 延时采用：新媒介技术要想变成商业成功，总是要花比预期更长的时间。从概念的证明发展到普遍采用往往至少需要人类一代人（20～30年）的时间。"[①] 而在实践领域，许多传统电视发展新媒体的路径还停留在"台网联动"的层面，并没有将新媒体从附属业务的定位中转变过来。随着网络视频化的趋势日益明显，传统电视必须认识到新媒体是媒介发展格局中的大势，传统媒体必须尊重新媒体时代的信息传播与服务规律，并进行重构、再造与创新。

---

① ［美］罗杰·菲德勒：《媒介形态变化——认识新媒介》，明安香译，华夏出版社2000年版，第32～54页。

三、数据库建设体现受众本位的市场价值理念

近年来,对传媒经济本质的论述众说纷纭,其中注意力经济、影响力经济、受众经济等概念受到一定的认可。有的论述遵循了理解传媒经济的基础元素,即"'内容'和'受众'是传媒公司创造的两种商品"①。传媒产业需树立市场观念,即按市场需求调整生产。"对媒体而言,就是要根据用户市场的变化来调整内容生产,以内容消费者——人为中心"②。

无论电视媒体如何与新媒体融合发展,都离不开对电视资源数据库和电视消费者数据库的建设、深度挖掘和加工,从而形成受众资源经济。作为一种战略性决策资源,"受众经济是电视融媒体产业的竞争核心。无论是注意力经济还是规模经济,都是基于一定的受众基础之上形成的,受众是盈利的创造性源泉。传统广电传媒应该顺应互联网时代媒体融合发展的规律,发挥粉丝经济与共享经济的价值,着力提升广电传媒在社交网络中的传播力和影响力,提升产品内容及其相应增值服务的受众关注度,挖掘不同社群、不同社会关系网里的内在需求,为电视产业拓展空间"③。对电视媒体管理者与运营者来说,除了密切关注和挖掘受众的注意力资源外,跨区域媒体资源的整合也尤其重要,因为"受众群体变革是当前跨区域媒体资源整合的重要力量。跨区域媒体资源整合要准确洞悉不同区域受众的个性化需求,优化差异化传播范式,实现传播在区域建设后继效应,推动区域整体媒体资源建设的升级转型"④。媒体融合背景下,出现了广泛的非媒介的内容生产者,电视观众也从单向受众转变为生产消费者。因此,"构建用户数据库和打造基于用户的产品系统成为广电传媒挖掘用户需求的必经之路"⑤,进而根据用户的全面数据,构建出用户社群体系,对用户个人资源及需求进行深度挖掘,实现产品与用户、用户与用户、用户与服务之间的全面融合。

当前,"在新的媒介融合生产模式当中,最大的变化是媒体与受众关系的重构,受众转型为用户,不再是节目收视链条的终端,而是主动嵌入媒体

---

① [英]吉莉安·道尔:《理解传媒经济学》,李颖译,清华大学出版社2004年版,第9页。
② 陈敏利:《电视媒体融合之路探析》,《中国出版》,2016年第12期。
③ 高洪波:《"互联网+电视":中国电视融媒体产业的场域空间》,《现代传播(中国传媒大学学报)》,2018年第9期。
④ 孙玲:《传统广电媒体和新媒体的融合问题》,《中国出版》,2017年第2期。
⑤ 孙玲:《传统广电媒体和新媒体的融合问题》,《中国出版》,2017年第2期。

生产体系中，形成以用户动机为中心的节目生产新模式"①。内容仅仅是价值传播的入口，通过内容对受众进行引流，通过大数据衍生相关服务，从而提高传播效率，获得长尾效应，这才是电视融媒体的价值所在。当下，电视节目已经从收看转变为使用，观众的身份也从受众变成用户，注意力经济、体验经济等成为新经济形态。"媒体融合的核心是集聚用户。'互联网+'下的媒体融合必须要坚持把占有用户、发展用户、集聚用户、服务用户作为根本目标"②。在后电视时代，互联网与传统电视融合并进，新媒体带来了传播方式的嬗变。电视产品、内容从原来的线性传播到如今依托用户的社会关系网络进行发酵，通过利用社会关系这一强大的生产力，推动了传统电视融媒体升级。

第三节　电视融合新媒体的业务流程再造与管理

业务流程再造（Business Process Reengineering，BPR）是20世纪90年代美国管理大师迈克尔·哈默在《再造：不是自动化，而是重新开始》（Reengineering Work：Don't Automate，Obliterate）一文中首次提出的概念，"其思想被认为是一次工商管理革命"③。以此为指导，随后在美国兴起一次管理变革浪潮，其核心内容是"对组织的作业流程进行根本的再思考和彻底的再设计"，目标是"以期取得在成本、质量、服务、速度等关键绩效上重大的改进"。④ 这一理论"直接面向顾客"的导向与现在频频提及的"用户中心论"不谋而合，因而业务流程再造成为电视媒体转型升级的必经之路。

一、电视业务流程的组织机构管理

组织机构指的是一个组织的组成以及这些组成部分之间的管理与被管理的关系，组织机构会详细确定各级组织的职能和有关人员的岗位职责。首先，业务流程必须依赖组织机构而实现；其次，业务流程和组织机构之间需

---

① 荀凯东：《模型与路径：媒介融合的多元价值系统》，《当代传播》，2019年第1期。
② 问题、王小龙：《从"+互联网"到"互联网+"：电视媒体融合路径探讨》，《现代传播（中国传媒大学学报）》，2017年第9期。
③ 李亚兵、宋丽娟：《业务流程再造理论研究评述及启示》，《商业时代》，2012年第6期。
④ 李岚：《生态式改革：广电转型全媒体的体制机制创新》，《视听界》，2014年第8期。

共同作用才能带来企业的最终构建。在实际中，既有先考虑业务流程再根据业务流程选择合适的组织架构的情形，也有根据组织架构优劣势反过来调整业务流程的情形。如有些管理人员的专业能力和管理能力很强，而再招聘其他人员又有一定难度，则会合并一些业务流程给他们。所以，组织架构也会反作用于业务流程。

传统的电视媒体则是根据业务流程来设立组织结构的，而采编播流程在过去的传播语境中已经呈现出效率低下、环节烦冗等弊端。互联网培育起来的用户资讯消费习惯表现为"随时随地"地获取，相形之下，传统媒体还停留在"先采（录）后刊（播）""一审二校三签"的状态之下，这种信息传播的"时间差"已经让其受众越来越无法容忍，也令一些电视传媒机构本身陷入竞争的劣势地位。而业务流程要变，首当其冲的是电视组织架构的重新设计。

二、组织机构扁平化改革

英国广播公司（BBC）从2000年开始，尝试改革机制，基于自身和新媒体的角色定位，打破原有的部门编制，以应对数字全媒体时代的到来。经过多年的磨合运行后，BBC打破了传统各自独立的广播、电视和互联网机构，而将其融合为一个实现跨平台传播的全媒体新闻中心平台。全媒体新闻中心重新调整制作新闻资源，并根据受众的需求和接收习惯，将内容播发到广播、电视、网络、手机等不同的终端。

BBC的业务流程再造可以概括为"全网络化、数据化流程"——按下摄像机拍摄键—传输—剪辑播出—输入电视或手机，全部都是利用网络来实现的。业务流程改造的本质是组织机构的扁平化，也就是倡导业务优先，行政为业务服务，行政体制以扁平的结构为业务效率提供保障。这一点对国内的广电体制改革来说十分关键，基于历史原因，部分改革先锋采取了局部开刀的方式，对传统体系中的内容制播环节予以深度修正。

例如，上海文广新闻传媒集团（SMG，简称"上海文广"）早在2006年就成立了大新闻中心，将新闻生产部门所有的人力、设备在后期进行打通，实施资源共享。2014年，上海文广改革再提速，原大新闻中心与集团旗下的看看新闻网合并，把此前欠缺的互联网平台补充进来，形成广播、电视、互联网互通互融的全媒体中心。全媒体中心实行网台互动、网络为先的传播机制，并推出全新的新媒体产品：阿基米德，围绕内容生产、渠道拓展来推进上海文广的整体互联网转型。深圳广电集团（SZMG，简称"深圳广电")全媒体融合新闻中心在 2015 年 5 月正式投入启用。这一融合新闻中心的特点包括：一是在技术上利用云计算、大数据、虚拟技术建成了全新的新闻采编系统平台；二是全面整合了传统电视播出和互联网任务发布的业务生产；三是在管理上构建了一个扁平式、开放式、全融合的新闻生产运作管理体系；四是在效果上将进一步有效整合集团各类新闻资源，提高新闻采编播工作效率，降低生产成本，增强全媒体生产传播能力，增强主流媒体舆论的引导力。

以上海文广、深圳广电为代表的国内广电机构，以最终服务用户和面向市场为导向，重构业务流程，并以实际打造的物理空间来承载业务流程；将原来广播、电视、报纸的独立新闻资源在平台上打通，能够做到快速反应，即时发布和同时分发到各渠道终端。这种新的内容制播模式，反过来又促进了管理考核机制的变革，从而实现了从生产方式到配套工程的全面改革。这些多平台发布的全天候的新闻中心的打造，反映出广电媒体在体制层面对内容生产的创新探索和实践。

三、业务流程再造的基础模型

事实上，不管是英国广播公司扁平化组织机构的改革，还是上海文广、深圳广电两大广电集团在业务流程上的探索，广电机构几十年来建立的采编播流程和规范确实到了需要革新的时候。其改革的目标就是改变传统媒体"单一渠道采集、封闭式生产、点对面单向传播"的运作模式，向"全媒体汇聚、共平台生产、多渠道分发"的新制播方式转变，后者就是广电业务流程再造的基础模型（如图 9-1）。

全媒体汇聚　　　　　共平台生产　　　　　多渠道发布

平面媒体、互联网　　手机报　　　　　　　IPTV
广播电视　　　　　　手机电视　　　　　　OTT TV
第三方机构　　　　　网络汇编/节目　　　　手机、平板终端
数据库　　　　　　　数据库/云平台　　　　PC/网络电视台

图 9-1　广电业务流程再造的基础模型

全媒体汇聚，具体来说，就是要形成多内容、多来源的汇聚。随着制播分离制度的深入，一方面，市场上一些优质的独立制作的视听节目能够有机会进入电视频道，无论是综艺类还是影视剧类，某些优秀的节目制作商已经与电视台展开了历久的合作，有的制作商甚至用承包时段的方式参与电视台的市场化运营；另一方面，随着互联网平台上视听内容的不断变化和升级，直播、短视频等形态也被电视台吸纳，用户生成内容的丰富成为电视台内容的有益"补偿"，这种多来源的会聚使得电视机构的生产能力进入海量的甚至无限的阶段。

共平台生产就是要打造融合的新媒体业务平台。一是在业务流程上实现随时采集、随时编辑和即时播出，缩短传统媒体在播出上的时间差，能够与网络媒体比拼时效性；二是在技术上打通素材标准，实现多点终端包括手机、PC 的协同合作，最终实现随时随地的全媒体内容制播。

多渠道发布就是指同一内容适配不同终端属性的多屏分发。当前，电视（IPTV、OTT TV）、手机、平板终端和 PC/网络电视台形成了"四屏生态"，几乎所有的内容生产和用户注意力都围绕此生发。而广电机构的应对举措就是搭建多屏的内容分发体系，业务流程的改革落脚于成本的降低和效率的提升，这对转型中的广电来说可谓切中肯綮。

综上，以组织架构的重设为依托，打造新媒体内容的传播体系和高效的业务流程，是实现电视媒体与新媒体融合的发展策略，从一定程度上说，将成为电视媒体向融合媒体转型的起点。

结　语

本书的学术价值在于通过发现电视媒体与新媒体融合发展策略以及建设路径的内在规律，提出了具有一定创新性的理论观点。本书认为，选择优化发展路径与可持续发展战略的实施，就是对电视媒体自身传播手段、渠道、内容以及体制产业、盈利模式不断完善、创新和优化的过程。如何有效地实现电视媒体产业链的重构与再造是两者融合发展战略是否成功的重要因素，从理论上提出了建构可持续发展战略的观点，具有一定的创新性，从内容上提出了实现电视媒体的转型发展以及优化的路径，这一研究属于交叉性的新兴领域，可以填补该研究领域的一些空白。本书的应用价值在于为高校培养传媒人才提供理论支持；为国家主管部门提出具有可操作性和应用价值的措施与对策；为业界实务运作提供具体的理论指导；为解决媒体现实问题建言献策。然而，回首研究过程，尤其在5G移动互联网时代背景下，人工智能、大数据、云计算、虚拟现实技术带来的各种新情况、新趋势、新问题层出不穷，需要进一步关注探讨的问题还有很多，有些问题的研究结论也有时过境迁之嫌。

一、"忒修斯之船"问题

在哲学语境中有一个"忒修斯之船"问题，讨论的是关于物的跨时间同一性的经典问题。这个问题最早由普鲁塔克提出来，后来霍布斯在《论物体》中对这个问题进行了深入讨论。"忒修斯之船"指代的是这样一个问题：传说雅典国王忒修斯（Theseus）率勇士驾一艘船前往克里特岛，杀死了怪物米诺陶洛斯，解救了作为贡品的童男童女。后来人们为了纪念忒修斯的这一壮举，一直保留着这条船，并定期维修保养。随着时间的流逝，这条船愈发破旧，于是人们逐步替换船上的构件，到最后，原有构件全都被换掉了。这时人们提出了疑问：全部构件被更换之后，这条船是否还是原来那条船？霍布斯在《论物体》中进一步引申，如果把替换下来的构件按原来的次序重新组装，成为一条"新"船，这条船甚至有可能达不到下海航行的标准，这条船与原来那条船还是不是同一条船？后来，人们就把这种有关事物拆分、改造、组合之后是否还是自身，是否保持自身同一的问题称为"忒修斯之船"。

"忒修斯之船"问题还有很多变体。例如，人体细胞由分子、原子构成，它们不间断地进行新陈代谢。据说人体细胞每7年就会完成一次新陈代谢，今天组成我们身体的细胞与昨天的已大不相同，与几年前更可能全然不同，那么，为何我们还认为今天的自我为昨天的自我，而别人也并未将我们认知为另外的人？又如"卡特勒爵士的袜子"，卡特勒爵士有一双自己非常喜欢的袜子，只要有破损的地方，就让仆人去织补。很多年过去了，原来的袜子上的丝线一根也没有了，其全部被替换为新的丝线。如此一来，卡特勒爵士便产生了疑惑：这双袜子是否还是自己喜欢的那双呢？若不是，什么时候开始变得不是了？"这些问题被学界归于很多名义之下，如历时同一性、跨界同一性，等等"[1]。

虽然该问题属于哲学领域，但并不难理解，谈论物，必定要谈论物的同一性。在某种意义上，没有同一性，就没有物，同一性让一个物是其自身而不是他物。对这个问题的讨论基于两个条件：第一，世界上没有单独存在而不与环境交互的物；第二，在时间的单向性上，万物都处于绝对运动之中。于是，根据这两个条件，我们可以对人类的认知模式进行反思，在时间的不间断流逝之中，我们凭何种理由将某物持续视为某物？正如同赫拉克利特著名的断言——"人不能两次踏进同一条河流"，河流的组成不断发生变化，为什么我们会觉得这条河流还是原来的那条？

然而，在哲学中，"忒修斯之船"问题至今没有确定的答案，因为事实上，一个物体变化之后是否仍与原来的物同一，这与人的认知结构有关。如同康德的先验哲学思想所体现的，由于先验认知形式的限制，我们无法知道客观世界真正的模样，也正如康德的一句著名论断"人为自然立法"[2] 表明的那样，一个物体在变化的时候是否能被认为同一的，这是人为确定的，甚至被人类视为个体的物本身是否在真实客观世界中也是这样的个体，人类也无从得知。康德把事物本身称为"物自体"，然而"物自体"是不可以为人类所认知的，由此挑战了西方的形而上学传统，被称为形而上学中的"哥白尼革命"[3]。

---

[1] 刘叶涛、魏良钰：《"忒修斯之船"的逻辑哲学解读》，《人文杂志》，2018年第6期。

[2] 赵敦华：《西方哲学简史》（修订版），北京大学出版社2012年版，第312页。

[3] 赵敦华：《西方哲学简史》（修订版），北京大学出版社2012年版，第312页。

笔者之所以在这里提出"忒修斯之船"问题，是因为有关电视转型及新旧媒体融合中存在的问题正是传统媒体在时间的变化中是否应该主动保持同一性的问题，更确切地说，我们想说明的是为何不应当执着于保持同一性。

二、"忒修斯之船"问题在媒介融合中的体现

任何一个人，在外部生存环境发生变化时，往往需要调整自身去应对，直到自身与环境重新协调融合，达到平衡状态。但若保持不变，或变更力度不大，甚至将保持原状误认为是对自主性的捍卫，由此故步自封，无法与新的环境相协调，那么，环境也会相应地给出回应，使得人始终处于不安的境地。一个行业、组织机构也同样如此，面对外部生态环境发生深刻变化，如若不能仔细观察，审慎反思，不能顺应变化，反而墨守成规，便会在变革的过程中感到极为不适，甚至可能面临死亡的危险。

黄旦对电视固守"同一性"的问题做出了详细的分析，他指出，"出于传统媒体机构自我变革愿望而设立的'融媒体'部门，难以避免地带来另一个问题，那就是会以传统媒体的已有规则作为参照系，以固有的思维和认知作为判断'融媒体'产品的标准，比如以印刷报纸所形成的常规，尤其是线性逻辑的表达惯例，来衡量'融媒体'作品的制作及其质量。于是，就有可能误以为'融媒体'作品不过是报纸报道的另一种形式，唯一的区别，就是以短视频、大数据或者H5之类的加以呈现而已。"① 所以，旧媒介抗拒新媒介，甚至对新媒介抱有敌意，试图以此阻碍新媒介的流行，这一现象时有发生。

"出于对原有媒介——书籍的钟爱，卢梭把报纸贬低为'既无价值又无益处的昙花一现的著作'，诵读这些东西，不仅是无聊文人的轻率，而且其听众只有那些"未受教育的女人们和为虚荣心所驱使的蠢人们"。而狄德罗眼里的报纸，不过是无知者的食粮，是蹩脚作者光临之地。伏尔泰则用一句'鸡毛蒜皮的琐事记录'，就轻蔑地把报纸打发一边。至于法兰克福学派的阿多诺和霍克海默对'文化工业'的口诛笔伐，并由此延伸而来的大众文化批判，更是大家都熟知的。顺便提一句，所谓的媒介素养教育，究其根源，正是与精英知识分子对于新媒介——通俗报刊的不屑、不满甚或恐慌相

---

① 黄旦：《试说"融媒体"：历史的视角》，《新闻记者》，2019年第3期。

关."① 黄旦认为"转型"一词隐喻着不同媒介既是同质的,也是连续进化的,但事实并非如此,无论从媒介史还是从传播史的角度看,"不同媒介千差万别难以兼容,看不到任何一种媒介及其实践是由之前的媒介'转型'而来,事实上却是断裂,崛起一个个不同的'型'"。所以说,一代代的媒介之间是"更迭"而非"继承"的关系。西方报纸不是对手抄新闻或者印刷作坊继承的结果,中国现代报纸也不是从"邸报"或"京报"那里继承而来的。黄旦还重点提到广播电视,指出其并不是无线电的延续,尽管后者是其中的元素,相应地,电视包含了画面和声音,也绝不是摄影与广播两者的杂交。他由此着重辨析了麦克卢汉说的"每一种旧媒介都是新媒介的内容",这里的"内容"是指媒介的各个要素,而非整体结构。作为一种"内容",旧媒介是被化入了新媒介之中的,而且属于其不能分割的有机组成部分,"好似旧零件组装出了一部新的机器"。由此,他摒弃了媒介"转型"的概念,而以"变革"取而代之,并最终得出结论,媒介"变革是一种本体论意义上的传播形态创造或重塑"。②

通过以上分析,我们可以更为清晰地将"忒修斯之船"问题与媒介融合发展过程中遇到的困境结合起来。事实上,人类对于物在时间流动中的同一性问题的困惑与滞留,正是在变革的浪潮中一些踟蹰不前的传统媒介机构的症结所在,即无法大胆舍弃固有架构与性能,若将传统媒介机构视为一个人,那么,其无法"突破与超越的正是自我的概念"③。

三、媒介融合的关键:突破"同一性"桎梏

如同医生为病人诊断病情一样,最重要的是要找到病因。通过以上的论述,我们已经大致能够确定,"媒介融合"所遇困境的"病根"恰恰在于对传统媒体对"自我"与"同一性"的执着,从而在改革中墨守成规,虽然也有变革意向,但只是在原有架构上的小修小补,甚至错过变革的最佳"窗口期",而成为愈发激烈的媒介竞争中被淘汰的对象。既然已经找到病因,那么,我们便可以清晰地为新旧媒介的融合指明方向,即整个媒体行业需要在已经习惯的上一个媒介时代中的组织架构与运行逻辑做出突破,切忌仍然将互联网视为辅助工具,而应当对互联网时代的技术逻辑有清晰的认

---

① 黄旦:《试说"融媒体":历史的视角》,《新闻记者》,2019 年第 3 期。
② 黄旦:《试说"融媒体":历史的视角》,《新闻记者》,2019 年第 3 期。
③ 黄旦:《试说"融媒体":历史的视角》,《新闻记者》,2019 年第 3 期。

知,并在此基础上重新廓清自身的发展方向,这才是媒介融合的关键所在。

(一)"电视消亡论"及其回应

尽管电视媒体作为传统媒介形态存在一定的僵化和落后性,在功能性与价值性上存在种种局限,但不可否认的是,电视仍然具有其不可替代的存在价值。在这里,为了证明电视在媒介生态领域具有不可或缺的价值,我们应当对"电视消亡论"进行反驳,并指出其中存在的悖论。

首先,关于电视对时间的低效利用的问题,实际上可以通过电视媒体本身的技术革新加以解决。如互联网电视出现之后,人们同样可以在电视上进行暂停、回放、快进等操作,由于和互联网连接,电视节目的数量也大大增加了,虽然仍不及互联网上视频节目的数量,但是已基本上能满足人们的需求。然而,更为重要的是,相对电视而言,对互联网在功能上存在的种种优势也要辩证看待,从另一个角度看,这些优势可能成为其劣势,同理,电视的劣势恰恰也是其优势所在。例如,当用户不再通过电视台直播的形式线性地接受影像内容,而变为根据自主时空自由地选择内容时,可能会出现"信息茧房"效应,即用户容易在自我的喜好与观点中故步自封,而与外界信息相隔离,进而造成社会黏性降低等社会问题。再如,电视直播的特性虽然看似与用户的个人自由时间相冲突,但实际上常常是满足其自由意愿的结果,例如,当人们希望通过媒介参与公共事件或仪式,比如重大赛事、庆典、突发事件等,此时,直播便是录播和回放无法替代的,人们甚至更愿意使用屏幕更大、画质更好、观看体验更好的电视机,而不是使用电脑、手机等屏幕观看直播节目。

而从更本质的角度看,人们对技术便捷性及对时间高效利用性的追求在逻辑上也是存在漏洞的,将珍贵的时间花费在更有意义、更能满足人们需求、符合人们审美的事情上是无可厚非的,但问题的关键在于,人如此苛刻地追求技术的便利性,要求用技术节省时间,却往往并未将时间用在真正有意义的事情之上,这里说的"真正有意义"指的是符合人类生存的真谛,能够引领人类通向快乐和幸福。将节省下来的时间花费在吃喝玩乐与追名逐利上,从细枝末节处节省时间,却在宏观层面虚度光阴,这是对生存意义的一种误解。

其次,有关电视价值上的瑕疵,则需要更审慎地看待。随着5G时代的到来,视频行业所占市场份额将会持续扩大。而互联网的娱乐化程度相对于电视节目也是有过之而无不及,呈现出全民狂欢的景象,这和互联网技术为个体赋权以及社交网络的出现密切相关。另外,互联网的虚拟性更强,或者说,在互联网时代,由媒介建构的虚拟场景更全面地渗透到人们的生活中,特别是移动互联网到来之后,由于突破了设备的空间局限,人们可以随时随地通过小小的屏幕进入虚拟场景,从而不停地在物理世界与虚拟世界中来回穿梭,虚拟场景甚至有取代现实场景的趋势。也就是说,人们沉溺于虚拟世界制造的虚假满足中而丧失行为动力的问题在互联网时代表现更加严重,造成了"宅文化"的盛行。

至于互联网为个体赋权,看似实现了真正的民主,事实上,统治集团仍然在通过各种媒介渠道将主流价值观传递给大众,且比大众媒介时代的资本逻辑和市场逻辑更为隐蔽。斯科特·拉什将这样的新型权力控制概括为四个转变:"权力运行方式从认识论向本体论转化、从高高在上的外部特征向生活话语的内在机制转变、从规范性逻辑向事实性逻辑转变、从表达向交流转变。"[①] 这些转变使得今天的权力统治方式变得更加难以辨识和难以揭露,这一权力范式无所不在,渗透到生活的方方面面,并且以平等对话的"假象"出现。

由此,在新媒体时代,人们依旧是"单向度的人"和"容器人"。网络人际交往虽然缩短了人与人之间的物理距离,但却未必能够拉近人们之间的心理距离。社交网络表面看是交流和互动极强的形式,却不能掩盖人内心世界的封闭、人际交流中面对面传播的弱化。人们虽然可以在网络上大胆言说,但这种活跃表现只出现在网络上,很少延伸到真实生活。走下网络,重回现实生活,许多人恢复孤立、封闭的状态,安于保持"罐状"心态,不愿意互动,也无法在现实关系中与人坦诚相对,在真实的物理世界中,他们依旧是自我封闭的"容器"。

(二) 电视媒体的存在价值

首先,自电视产生开始,人们已经习惯了图像思维。互联网时代,视频行业的勃兴也表明影像内容在未来会更广泛地占领整个媒介生态。语言让人类成为人类,自从信息开始传递,我们便生活在一个亲身直接体验的物理世界与他者间接经验构建的象征世界二者相互交织的复杂世界中。而后信息符号不断进化,越往后,音乐、绘画、文字、影像(静态与动态)对物理场

---

① 喻国明、杨莹莹、闫巧妹:《算法即权力:算法范式在新闻传播中的权力革命》,《编辑之友》,2018年第5期。

景模拟的程度越来越高。而这一切的表征符号又被纸张、电话、电报、广播、电视、电脑、手机等载体（统称为媒介）取代。文字产生后，人头脑中的世界边界迅速扩大（印刷术意味着文字的普及）。电子媒介（电话、广播、电视、网络）产生后，人头脑中的远方世界变得即时。图像产生后，想象世界变得具象，人们更加信以为真。如今，媒介成为日常的时代，人类的心理生存场景中物理世界所占的比例越来越小，而更多的是头脑中的世界。

其次，随着内容盈余时代的到来，人们对优质内容的需求不断增长，无论是新闻、影视剧还是综艺节目，都对优质影像内容提出了更高的要求，而作为拥有专业的内容制作编辑团队、丰富的内容素材与制作经验的传统电视媒介机构，若把握好这样的机会，不但不会消亡，反而会迎来其进一步发展的契机。"截至2018年6月，中国短视频用户已达到5.94亿，占网民总数的74.1%，增长势头远超在线视频和移动直播"[1]。而随着短视频的进一步发展和5G时代的到来，短视频行业将更注重内容的质量，这也跟传统媒体的加入极为相关。"短视频行业的'二八定律'渐趋明显——虽然短视频平台80%是UGC内容，但排名靠前的80%都是PGC内容"[2]。现在，想要在竞争激烈的短视频领域脱颖而出，专业团队的运作变得十分重要，而政府机构和主流媒体入驻短视频平台，也已成为短视频发展的趋势之一。

最后，电视承担着难以被替代的社会职能。从国家层面看，电视台属于事业性单位，需要承担一定的社会责任；相对而言，属于商业性质的互联网企业的行动目的则更多地指向商业利益，因此，电视以及其他传统媒介所承担的社会凝聚与宣传职能是新媒体难以替代的。从人际交往层面看，电视承担着重要的交际与陪伴职能。电视作为家庭最重要的设备之一，一方面作为人与人交往时的一个伴随物品而存在，家人可以坐在一起观看并讨论电视节目，客人到来之时，电视往往作为一个能够营造温暖或热烈氛围的背景而存在；另一方面，也是更重要的方面，电视具有一种易于被忽视却不可替代的功能——陪伴功能，对特殊人群，例如孤寡老人、残疾人，这一功能的发挥尤为重要。国内有研究者就影响老人孤独感的几种因素进行了研究，最终发现，"家庭支持、经常收看电视、经济状况宽裕和自评健康状况良好对城市老年人的孤独感都发挥了较好的抑制减弱作用，其中，家庭支持和经常收看

---

[1] 陆地、杨雪、张新阳：《中国短视频发展的长镜头》，《新闻战线》，2019年第1期。
[2] 陆地、杨雪、张新阳：《中国短视频发展的长镜头》，《新闻战线》，2019年第1期。

电视对城市老年人孤独感的抑制作用更强"①。尽管互联网影像内容也具有陪伴的功能，但电视的直播功能和简易操作性却是互联网不能取代的，而这对一些老年观众而言显得更为重要。

以上对电视与互联网存在价值的比较，并不是将二者对立起来，用旧媒介驳倒新媒介，而是希望客观地凸显两者各自的优劣，从而在今后的媒介实践中扬长避短，优势互补。事实上，无论是电视还是互联网，从根本上代表的是大众传播的力量，因此，我们希望的是电视与其他大众媒介共同发挥这种力量，规避各自的一些缺陷，一起为全人类文明的进步以及实现全体性自由的终极目标做出贡献。事实上，即使法国著名社会学家布尔迪厄不遗余力地批判电视媒介，但他并非简单的精英主义者，他既要维护高雅文化生产的纯洁性，又希望让民众享受这些精神文明的成果。他认为，电视虽然降低了进入一些专业场域的门槛，也侵扰了其他场域的自主性，但同时它又是最能触及广大民众的媒介。因此，"他一方面要维护人类最崇高的创造所必不可少的生产和传播条件，捍卫任何先锋的研究所必须具备的奥秘性，另一方面，他也主张维护公开推广专业场域成果的必要性，以及为争取到良好推广条件和手段进行斗争的必要性，以使公众能够充分、广泛接触这些成果"②。

（二）电视各要素的解构与重构

尽管我们在上文指出了电视继续存在的重要性，但有一个关键点不能忽略，我们所说的存在价值是指电视各要素、各性能的价值，而不是电视作为一个不可分割的整体的存在价值。换言之，我们可以肯定电视所包含的多重要素和多种功能对人类传播是相当重要且不可或缺的，但在互联网时代的媒介变革中，电视若仍旧以原来的逻辑继续运作，那么，其在互联网下半场的生存将会举步维艰。因此，合理的方案便是，我们应当从互联网的技术逻辑与用户思维出发，筛选出电视媒介中有价值的，即与互联网逻辑不相冲突的、且被用户所需求的要素，进而结合其他媒介的有价值的要素，在互联网所搭建的平台上重新布局，优势互补，各司其职。

由此，我们还需要回答一个更基础的问题：电视是什么？包含了哪些要

---

① 李成波、高雪、熊智强、赵冰清、淦宇杰：《收看电视、家庭支持和社会参与对城市老年人孤独感的影响——以西部地区三省市调查数据为例》，《特区经济》，2018年第10期。

② 孙玮、王丽好：《新闻场解密——读布尔迪厄〈关于电视〉》，《新闻记者》，2006年第5期。

素？事实上，"电视"这一概念包含多重意义：作为终端的电视机、电视信号、电视节目、电视频道、电视台、电视台工作人员与组织架构等。正如有研究者指出的，无论电视"死"或"不死"，其都将直接指向一个问题："媒介融合背景下的'电视'应如何'定义'？"① 究竟什么才是电视？这似乎是目前最让人难以回答的问题之一。然而，只有当我们回答清楚这些问题，只有确定了电视的本质，才有可能真正对"电视消亡论"做出准确的回应，也才能够对舍弃什么、保留什么有更清晰的认知。换言之，通过讨论，最终我们需要分别回答"电视"各项元素中，哪些会"死"，哪些不会，需要发生怎样的变化。

有研究者对"电视"给出了两方面的定义："一是传播信息的物理工具。电视是利用人们的视觉暂留现象和目前的电子显示技术相融合，目的是向观众们传送活动图像、音频以及信号的物理传播工具。二是信息内容传播的过程和形式。指以电视机作为载体媒介，利用从电视卫星接收到的广播信号，在电视机上进行即时信息传播和内容输送的过程和形式。"②

原来是电视的观看形式发生了种种改变。传统意义上，电视意味着客厅电视、家庭聚会、共同议题、"沙发土豆"等，现在的情况不同了，电视机还在，但是电视机前的忠实观众却不见了。由于电视的时间线性播出方式，过去，人们要在电视机前等待好节目的到来，现在，网络的非线性播放和不受时空限制的获取方式带走了一大批电视观众。于是，我们遇到了接下来的这些问题。

第一，网络电视是电视吗？电视节目不再只通过广播形式播出，网络也是新的传播渠道，它更加方便，可以即时获取。PPTV、优酷、土豆等网络电视赢得了一大批用户，而其中的部分用户过去是电视的忠实追随者。网络电视频道改变了用户的观看经验，如 Discovery 传播公司和视频网站 YouTube 合作开播 9 个 YouTube 频道，专门展映来自 Discovery 旗下世界级电视网品牌的精彩视频集锦。

第二，用平板电脑、手机等看电视的年轻人还是电视用户吗？相应地，用其他屏幕看电视的用户还是电视用户吗？虽然电视用户并没有减

---

① 席树芃：《媒介融合背景下的电视"再定义"——对"电视之死"学术争论的思考》，《今传媒》，2019 年第 2 期。

② 席树芃：《媒介融合背景下的电视"再定义"——对"电视之死"学术争论的思考》，《今传媒》，2019 年第 2 期。

少，同样的电视节目，收看人数也没有减少，只是收看设备发生了改变，年轻用户从传统电视机向新媒体转移。据美国尼尔森2018年的调查报告，12～34岁的用户观看电视节目的方式正在发生转变，他们越来越多地使用平板电脑、手机等电子设备观看节目，这一数据显示年轻用户向非传统媒体转移。

第三，客厅电视机上的网络视频是电视吗？电视的未来充满了不确定性，网络把电视用户带走已是一个不争的事实。于是一个重要的问题产生了：“从电视向网络转移的用户，他们还会回来吗？”答案看起来非常不令人乐观。但是，一个反向的事实不得不引起人们的关注，YouTube已经同电视机和机顶盒厂商建立了合作伙伴关系，把视频带进了客厅。"从书房走向客厅"的革命性举动正在改变电视的定义，改变电视机前用户的使用习惯，电视机拥抱互联网的媒介融合模式将使电视的命运发生转折。

第四，计算机产业主导的电视还是传统意义上的电视吗？电视未来将出现的可能更为根本性的变化在于，智能电视的出现和决定其发展的操作系统将使电视的发展主动权让位于计算机技术行业，这是目前的电视人最需要警觉的趋势。智能电视被称为"下一场技术革命的'风暴眼'"[1]，微软前任CEO鲍尔默认为，"电视不再是一个接收的终端，而是一个家庭娱乐中心，每个人通过这个大屏幕享受到的娱乐体验更具互动性和社会性"[2]。

有学者通过研究，认为媒介融合背景下的"电视"已经不是电视，因为媒介融合背景下的"电视"是一种"新的视听媒介形态"[3]，而"它只是借用了传统电视的媒介外壳和融入了电视的一部分功能，其本质已是新的媒介"[4]。由于互联网技术是一种平台型技术，其最大特征就是连接与合作，在媒介领域体现为媒介融合，此时传统媒体和新兴媒体之间已经没有明显的界线。

然而，笔者认为，变革之后的"电视"媒介是否还能被定义为电视、

---

[1] 余志为：《电视会消亡吗——论新媒体格局下电视媒体的未来》，《现代传播（中国传媒大学学报）》，2012年第9期。

[2] 余志为：《电视会消亡吗——论新媒体格局下电视媒体的未来》，《现代传播（中国传媒大学学报）》，2012年第9期。

[3] 席树芃：《媒介融合背景下的电视"再定义"——对"电视之死"学术争论的思考》，《今传媒》，2019年第2期。

[4] 席树芃：《媒介融合背景下的电视"再定义"——对"电视之死"学术争论的思考》，《今传媒》，2019年第2期。

是否还与曾经的电视媒介具有同一性并不重要,重要的是,电视若想在新的媒介环境下存活,必须摒弃"自我"意识,摒弃从前固有的架构与运行逻辑,必须将自身元素拆散,保留有价值的部分,并做出一定修正,进而与互联网提供的平台进行合作,只有进行这样的结构性调整,才能保存并发挥电视应有的价值。正如有学者指出的,"目前出现的电视转变在媒介生态发展史上将是一种演化而不是终止。电视并不会在可见的未来消亡,而是在很大程度上做深度调整,调整的过程势必要通过与其他媒介的融合,以适应网络社会媒介的多种传播方式的特征"①。其实,"电视消亡"的预言与判断,是人类媒介样态发展的自然结果,正如电影的崛起曾让人们惊呼摄影将死,电视的崛起曾让人们惊呼电影与广播将死,"如果将领域拉开、历史推远,摄影的诞生还曾让人们笃定绘画必将灭亡等"②。人类实践的发展不断表明,在媒介样态发展的问题上,"二元对立"式非此即彼的简单断定向来难以取得胜利。在新旧之辨中,没有完全的、纯粹的新与旧之隔,新的形式往往先包含于旧的形式之中,而旧的形式也会以其优质成分彰示其存在的合理性,新的形式和旧的形式还会不断互动,逐渐使自身趋利避害,二者都会重新被组织、被赋予新的意义,从而呈现出新的价值。或许,重构、融合与再造正是电视媒体战略转型的一种方向和路径。

在当前媒介研究中,媒介融合显然是一个热门的关键词,因为"融合"概括了当前媒介发展的总体趋势。而理解媒介融合要回归到对传播本体的认识上。如克劳斯·布鲁斯·延森所说:"传播媒介处于物质实在和非物质实在之间。凭借与众不同的建构方式,数字媒介给世界带来了翻天覆地的变化,并有可能使得物质实在与非物质实在之间的界限产生根本性的改变。"③数字与信息技术拓展了我们对传统电视媒介形态的认识,信息时代的这种融合更是将大众传播与人际传播、组织传播统统整合到了一起,媒介真正成为人与社会的延伸。从融合的角度看,传统电视应与其他影像媒体一起被置入同样的理论阐释框架之中。于是,我们将用超越传统的思维观念对当代电视

---

① 余志为:《电视会消亡吗——论新媒体格局下电视媒体的未来》,《现代传播(中国传媒大学学报)》,2012年第9期。
② 余志为:《电视会消亡吗——论新媒体格局下电视媒体的未来》,《现代传播(中国传媒大学学报)》,2012年第9期。
③ [丹]克劳斯·布鲁斯·延森:《媒介融合:网络传播、大众传播和人际传播的三重维度》,刘君译,复旦大学出版社2004年版,第65页。

传播的嬗变进行深入分析，立足格局重构的发展现状，解读媒介融合背景下电视传播的新动态，依据路径拓展与选择的多元化，探索电视媒体与新媒体融合发展战略的新趋势、新路径及新模式。

参考文献

[1] 阿伯克龙比. 电视与社会 [M]. 张水喜, 鲍贵, 陈光明, 译. 南京: 南京大学出版社, 2002.

[2] 阿普康. 影像叙事的力量 [M]. 马瑞雪, 译. 杭州: 浙江人民出版社, 2017.

[3] 安德森. 长尾理论 [M]. 乔江涛, 译. 北京: 中信出版社, 2006.

[4] 巴特. 符号学原理 [M]. 李幼蒸, 译. 北京: 生活·读书·新知三联书店, 1988.

[5] 白俊. 新媒体给电视节目主持人带来的"蝴蝶效应" [J]. 电视研究, 2016 (18).

[6] 本雅明. 摄影小史、机械复制时代的艺术作品 [M]. 王才勇, 译. 南京: 江苏人民出版社, 2006.

[7] 波德里亚. 消费社会 [M]. 刘成富, 全志钢, 译. 南京: 南京大学出版社, 2001.

[8] 波斯特. 第二媒介时代 [M]. 范静哗, 译. 南京: 南京大学出版社, 2001.

[9] 波斯特. 信息方式: 后结构主义与社会语境 [M]. 范静哗, 译. 北京: 商务印书馆, 2000.

[10] 蔡雯, 邝西曦. 对话式传播与新闻工作者角色之变: 由"僵尸肉"新闻真假之争谈起 [J]. 新闻记者, 2015 (9).

[11] 蔡贻象. 移动电视的文化忧虑 [J]. 电影艺术, 2005 (4).

[12] 陈力丹. 认识融合媒介的力量 [J]. 新闻春秋, 2018 (4).

[13] 陈敏利. 电视媒体融合之路探析 [J]. 中国出版, 2016 (12).

[14] 道尔. 理解传媒经济学 [M]. 李颖, 译. 北京: 清华大学出版社, 2004.

[15] 范东升. 公民新闻的兴起和启示 [J]. 国际新闻界, 2006 (1).

[16] 方兴东. 博客与大众传播: 互补与融合 [J]. 新闻实践, 2006 (5).

[17] 菲德勒. 媒介形态变化: 认识新媒介 [M]. 明安香, 译. 北京: 华夏出版社, 2000.

[18] 费斯克. 电视文化 [M]. 祁阿红, 张鲲, 译. 北京: 商务印书馆, 2005.

[19] 高红波. 2015年中国电视融媒体产业创新发展报告［M］. 北京：社会科学文献出版社，2016.

[20] 高红波. 中国电视融媒体产业的创新与发展［J］. 教育传媒研究，2016（3）.

[21] 高洪波. "互联网＋电视"：中国电视融媒体产业的场域空间［J］. 现代传播（中国传媒大学学报），2018（9）.

[22] 戈夫曼. 日常生活中的自我呈现［M］. 冯钢，译. 北京：北京大学出版社，2008.

[23] 苟凯东. 模型与路径：媒介融合的多元价值系统［J］. 当代传播，2019（1）.

[24] 官建文. 中国移动互联网发展报告［M］. 北京：社会科学文献出版社，2012.

[25] 何怀宏. 伦理学是什么［M］. 北京：北京大学出版社，2002.

[26] 胡正荣. 智能化：未来媒体的发展方向［J］. 现代传播（中国传媒大学学报），2017（6）.

[27] 黄旦. 试说"融媒体"：历史的视角［J］. 新闻记者，2019（3）.

[28] 黄建生. 戈夫曼的拟剧理论与行为分析［J］. 云南师范大学学报（哲学社会科学版），2001（4）.

[29] 吉登斯. 失控的世界［M］. 周红云，译. 南昌：江西人民出版社，2001.

[30] 吉摩尔. 草根媒体［M］. 陈建勋，译. 南京：南京大学出版社，2010.

[31] 匡文波. 手机媒体概论［M］. 北京：中国人民大学出版社，2006.

[32] 莱斯特. 视觉传播：形象载动信息［M］. 雷文利，史雪云，王海茹，译. 北京：中国传媒大学出版社，2003.

[33] 莱文森. 手机：挡不住的呼唤［M］. 何道宽，译. 北京：中国人民大学出版社，2004.

[34] 莱文森. 新新媒介［M］. 何道宽，译. 上海：复旦大学出版社，2011.

[35] 勒庞. 乌合之众：大众心理研究［M］. 冯克利，译. 北京：中央编译出版社，2004.

[36] 冷淞，王婷. "CCTV－12大篷车"：塑造年轻形象　促进融媒升级［J］. 电视研究，2017（6）.

[37] 冷淞. 电视媒体的"互联网化"观察：基于视听内容的视角［J］. 现代传播（中国传媒大学学报），2017（8）.

[38] 黎斌. 电视融合变革：新媒体时代传统电视的转型之路［M］. 北京：

中国国际广播出版社, 2011.

[39] 李岚. 创新融合传播渠道 放大广播电视影响力 [J]. 电视研究, 2017 (1).

[40] 李琳. 新媒体环境下节目主持人"采编"新释 [J]. 新闻界, 2016 (18).

[41] 李敏, 谭天. 融合中转型: 从电视记者到新闻策展人 [J]. 电视研究, 2016 (8).

[42] 刘瑞生. 播客: WEB2.0 时代的典型传媒形态: 国内播客现状研究 [J]. 中国传媒科技, 2006 (11).

[43] 刘叶涛, 魏良钰. "忒修斯之船"的逻辑哲学解读 [J]. 人文杂志, 2018 (6).

[44] 陆地, 杨雪, 张新阳. 中国短视频发展的长镜头 [J]. 新闻战线, 2019 (1).

[45] 陆小华. 新媒体观: 信息化生存时代的思维方式 [M]. 北京: 清华大学出版社, 2008.

[46] 罗尔. 媒介、传播、文化: 一个全球性的途径 [M]. 董洪川, 译. 北京: 商务印书馆, 2012.

[47] 麦克卢汉. 理解媒介: 论人的延伸 [M]. 何道宽, 译. 北京: 商务印书馆, 2000.

[48] 梅罗维茨. 消失的地域: 电子媒介对社会行为的影响 [M]. 肖志军, 译. 北京: 清华大学出版社, 2002.

[49] 孟建. 图像时代: 视觉文化传播的理论诠释 [M]. 上海: 复旦大学出版社, 2005.

[50] 莫利. 电视、受众与文化研究 [M]. 史安斌, 译. 北京: 新华出版社, 2005.

[51] 庞井君. 中国视听新媒体发展报告 [M]. 北京: 社会科学文献出版社, 2011.

[52] 彭兰. 中国网络媒体的第一个十年 [M]. 北京: 清华大学出版社, 2005.

[53] 祁兵. 播客的发展及对电视媒体的影响 [J]. 新闻世界, 2009 (8).

[54] 施拉姆. 报刊的四种理论 [M]. 中国人民大学新闻系, 译. 北京: 新华出版社, 1980.

[55] 孙玲. 传统广电媒体和新媒体的融合问题 [J]. 中国出版, 2017 (2).

[56] 索罗维基. 群体的智慧 [M]. 王宝泉, 译. 北京：中信出版社, 2005.

[57] 汤莉萍. 影像叙述现实：网络视频新媒体播客传播研究 [M]. 成都：四川大学出版社, 2012.

[58] 汤林森. 文化帝国主义 [M]. 冯建三, 译. 上海：上海人民出版社, 1999.

[59] 田智辉, 贾甲. 主流媒体应对博客策略分析 [J]. 现代传播（中国传媒大学学报）, 2006（5）.

[60] 田智辉. 新媒体传播：基于用户制作内容的研究 [M]. 中国传媒大学出版社, 2008.

[61] 王传晓. 博客日志传播与个人后台行为前台化 [J]. 今传媒, 2006（5）.

[62] 王建磊. 媒体融合的进路 [M]. 北京：中国广播电视出版社, 2016.

[63] 王小龙. 从"+互联网"到"互联网+"：电视媒体融合路径探讨 [J]. 现代传播（中国传媒大学学报）, 2017（9）.

[64] 韦伯斯特. 信息社会理论 [M]. 曹晋, 等译. 北京：北京大学出版社, 2011.

[65] 魏武挥. 无极 VS 馒头：大众传播功能主义学的解读 [J]. 国际新闻界, 2006（4）.

[66] 吴炫. 中国当代文化批判 [M]. 上海：学林出版社, 2004.

[67] 希利亚德, 基思. 美国广播电视史 [M]. 秦珊, 邱一江, 译. 北京：清华大学出版社, 2012.

[68] 席树苊. 媒介融合背景下的电视再定义：对"电视之死"学术争论的思考 [J]. 今传媒, 2019（2）.

[69] 信险峰. 电视将向何处去 [J]. 传媒, 2017（1）.

[70] 熊逸. 传统电视新闻在移动屏传播的优化策略探析：以"央视新闻"新媒体产品为例 [J]. 电视研究, 2017（6）.

[71] 徐立军, 王玉飞. 2018年中国传媒的基本面与机会点 [J]. 现代传播（中国传媒大学学报）, 2018（1）.

[72] 延森. 媒介融合：网络传播、大众传播和人际传播的三重维度 [M]. 刘君, 译. 上海：复旦大学出版社, 2012.

[73] 严三九. 中国传统媒体与新兴媒体融合发展的现状、问题与创新路径 [J]. 华东师范大学学报. 2018（1）.

[74] 杨小滨. 否定的美学：法兰克福学派的文艺理论和文化批评 [M]. 上

海：上海三联书店，1990.

[75] 衣俊卿. 现代化与文化阻滞力［M］. 北京：人民出版社，2005.

[76] 易绍华. 电视的活路：数字化背景下电视媒体的网络化生存研究［M］. 厦门：厦门大学出版社，2010.

[77] 尹鸿. 整合媒介平台，推动城市传播［J］. 中国广播电视学刊，2008（4）.

[78] 尹韵公. 中国新媒体发展报告［M］. 北京：社会科学文献出版社，2011.

[79] 余志为. 电视会消亡吗：论新媒体格局下电视媒体的未来［J］. 现代传播（中国传媒大学学报），2012（9）.

[80] 喻国明，欧亚，张佰明，等. 微博：一种新传播形态的考察：影响力模型和社会性应用［M］. 北京：人民日报出版社，2011.

[81] 喻国明，杨莹莹，闫巧妹. 算法即权力：算法范式在新闻传播中的权力革命［J］. 编辑之友，2018（5）.

[82] 喻国明. 传媒变革力：传媒转型的行动线路图［M］. 广州：南方日报出版社，2009.

[83] 张庆. 传统电视媒体进军短视频的误区与着力点［J］. 现代传播（中国传媒大学学报），2017（12）.

[84] 张晓锋. 解构电视：电视传播学新论［M］. 北京：中国广播电视出版社，2006.

[85] 赵一凡. 欧美新学赏析［M］. 北京：中央编译出版社，1996.

[86] 赵子忠. 对话：中国网络电视［M］. 北京：中国传媒大学出版社，2011.

[87] 郑风. 移动互联网技术架构及其发展［M］. 北京：人民邮电出版社，2013.

[88] 中国互联网络信息中心. 第43次CNNIC中国互联网发展状况统计报告［R］. 2019（2）.

[89] 周宪. 视觉文化的转向［M］. 北京：北京大学出版社，2008.

[90] 周勇. 理解电视：从理论到方法的路径［M］. 北京：中国广播电视出版社，2012.

[91] 周勇. 影像背后：网络语境下的视觉传播［M］. 北京：中国传媒大学出版社，2014.

[92] 朱海松. 第五媒体［M］. 广州：广东经济出版社，2005.

[93] 朱江梅. "播客"现象与传播学观照［J］. 中国传媒报告，2005（10）.

后　　记

　　本书紧扣媒介融合与电视变革的脉搏与主线，运用融合与创新思维以及电视传播的新理念，对中国电视媒体融合发展战略做了全景式论述。本书是课题研究团队合作的结果，孙宜君、梁天屹、王建磊、来丰等教授，以及曾辉、卢秋竹、李爽、马滢、耿绍宝、刘盼盼、徐静、杨立奇等多名研究生分别参与了课题研究与结项成果的撰写工作。全书的策划、统筹、框架结构以及各个章节段落的修改与加工分别由王长潇、孙宜君、梁天屹完成。

　　诚然，本书的出版离不开中山大学出版社编审、本书责任编辑邹岚萍的慧眼相助，她及时把本书纳入出版计划，使得本书得以顺利出版。尤其在成书的过程中，她不仅做了大量组织协调工作，而且对全书做了细致入微的修改，在此谨向邹岚萍编审以及中山大学出版社表达由衷的谢意。

　　作为 2015 年度国家社会科学基金一般项目的结项成果，本书的出版离不开国家社会科学规划办公室的支持以及北京师范大学新闻传播学院的出版资助，在此特表谢意。

　　同时，还要感谢那些在电视媒体与视听新媒体融合发展研究领域的专家和学者，其研究成果为本书的写作提供了极有价值的参照，书中许多有价值的理论观点、引文数据都是直接或间接来自这些专家和学者公开发表的学术成果，有的已在书中注明，有的或许存有遗漏，在此一并说明，并表达由衷的感谢。由于作者水平有限，本书疏误在所难免，欢迎有识之士批评指正。

王长潇
2021 年早春